CHI SONO?

Io. Le altre.
E gli altri.

Redazione: via Inverigo, 2 - 20151, Milano

A Story by Book on a Tree
www.bookonatree.com

Testi: Daniele Grassucci, Federico Taddia
Illustrazioni: Antonio Zeoli, con la consulenza di Roberto La Forgia
Creazione contenuti, ideazione e redazione: Book on a Tree LTD, UK
Grafica e impaginazione: Chiara Collinassi, studio pym / Milano
Elaborazione Dati: Marcello Gelardini, Carla Ardizzone, Simone Franconieri
Pubblicato in accordo con Agenzia Letteraria Edelweiss

www.deaplanetalibri.it

Stampa: DRUK-INTRO SPÓŁKA AKCYJNA - 2021

Daniele Grassucci | Federico Taddia

CHI SONO?

Io. Le altre. E gli altri.

Illustrazioni di
Antonio Zeoli

DeAGOSTINI

Amicizia
Felicità
Amore
Rivoluzioni
Paure
Corpo
Passioni
Impegno
Rabbia
Futuro
Amore
Social
Credo
Felicità
Futuro
Rivoluzioni
Rabbia
Futuro
Corpo
Passioni
Credo
Paure
Amicizia
Impegno
Corpo
Social
Rabbia
Impegno
Passioni
Rivoluzioni
Futuro
Social
Amore
Paure
Amicizia
Credo
Felicità
Corpo
Paure
Amore
Rabbia
Passioni
Credo
Amicizia
Impegno
Rivoluzioni
Social
Felicità

LOGIN

Io. E loro.

Sentirsi unici. Ma non sentirsi soli.

Voler essere originali. Ma non voler essere poi così diversi dal resto della gente.

Accettarsi. Ed essere accettati...

Meglio "Io sono" o "Noi siamo"?

Non cominceremo mica con le domande ora?

E invece sì!

Tante, tantissime: per andare a scovare tutte le sfumature di una generazione (la tua) – la cosiddetta "Generazione Z" – che ha un sacco di cose da dire.

E così ci siamo messi in ascolto, intervistando più di **30mila** ragazze e ragazzi (e non solo, perché il 10% di voi ci ha detto di non sapere in quale sesso identificarsi) tra i 12 e i 17 anni, su argomenti e questioni che riguardano la vostra vita di ogni giorno. Per capire gusti, pensieri, desideri e arrabbiature. Per scoprire cosa dice la maggioranza, ma dare voce anche alla minoranza, mettendo al centro ognuno di voi per fare una fotografia unica, capace di rappresentare tutt*.

Sì, vi abbiamo chiesto di svelarvi, di mettervi in mostra, con tutte le vostre specificità: è come se aveste realizzato un "**selfie generazionale**" senza filtri, dove ognuno può trovare il proprio posto. Una sorta di specchio, in cui mostrarvi per quello che siete, per ciò che vi accomuna e ciò che vi distingue dal resto delle persone, e in cui vedere ciò che siete e ciò che vorreste essere. Per noi - che siamo un po' più grandicelli, anche se abbiamo il privilegio di passare molte ore a contatto con molt* di voi - è stato un grande viaggio: ci avete aperto le porte dei vostri cuori e delle vostre teste, avete accettato di mettervi in gioco con sincerità, avete messo a disposizione la vostra intelligenza senza mandarci a quel paese. Non ci avete fatto sentire degli intrusi (forse proprio perché, una volta tanto, davvero vi è stata data la parola). Mentre visitavate Skuola.net, per caso, in cerca di aiuto per un compito o per capire quando sareste tornat* a scuola in presenza, avete deciso di dedicarci qualche minuto della vostra giornata.

In questo libro quindi **troverete pezzi di voi**: dentro a numeri e infografiche, nelle frasi che abbiamo scelto tra le migliaia che ci avete scritto ma anche nelle singole parole, grandi e piccole a seconda del numero di volte in cui sono apparse nei questionari.

La foto profilo di una generazione - bella, variegata e confusa - così come non è mai stata fatta prima. Una generazione stanca di sentirsi raccontata da quelli che si definiscono "adulti" e che pensano di essere migliori, ma che in fondo hanno lasciato in eredità un mondo più incasinato di quello che hanno trovato.

Una risposta - non banale e non scontata - al più complicato dei dilemmi: **chi sono io, le altre e gli altri?**

Daniele e Federico

AMICIZIA

AMICIZIA

Per gli amici darei la vita. E, forse, gli amici servono proprio a quello, a metterci alla prova.

D'istinto ci sembrano essenziali. Imprescindibili. Vitali. Inconcepibile un mondo senza di loro. Senza amiche e amici sarebbe la noia. Il panico. Il piattume. Perché in fondo **siamo quello che siamo anche grazie a loro**. Ma mantenere le amicizie ha un costo. Richiede energia. Fatica. Empatia. E spesso (troppo spesso?) anche **sofferenza**. E se un mondo senza amicizie a tutti i costi fosse quindi un mondo migliore, più rilassato? Magari giusto qualche **amicizia "on demand"** come le serie TV in streaming: ho bisogno di te, allora ci sei e ti cerco. Non ho bisogno di te, allora niente: perché sprecare tempo a coltivare rapporti quando potrei fare cose più piacevoli? Una provocazione, ovvio! Ma utile per dare una faccia e un senso alle

parole "amico" e "amica". Chi sono? Quanti sono? Hanno date di scadenza? Esiste l'identikit degli amici perfetti? Si può diventare amici di una persona conosciuta online? E poi, per porre pure lo sguardo verso noi stessi, che amici siamo? In poche parole: diventeremmo amico o amica di noi stessi? Tanti, troppi punti interrogativi. Necessari però per cercare di capire quale sia il centro della mappa delle nostre relazioni: per evidenziare con un bel pennarello colorato le cose che ci fanno stare bene e quelle che ci fanno male, sapere cosa aspettarsi e comprendere quali aspettative abbiamo. **L'amicizia è tanta roba**. E, per fortuna, non è governata da leggi fisiche e chimiche. Quindi non ci resta che viverla, giorno per giorno. Per conoscerla meglio, giorno per giorno.

Hai un* miglior amic*?

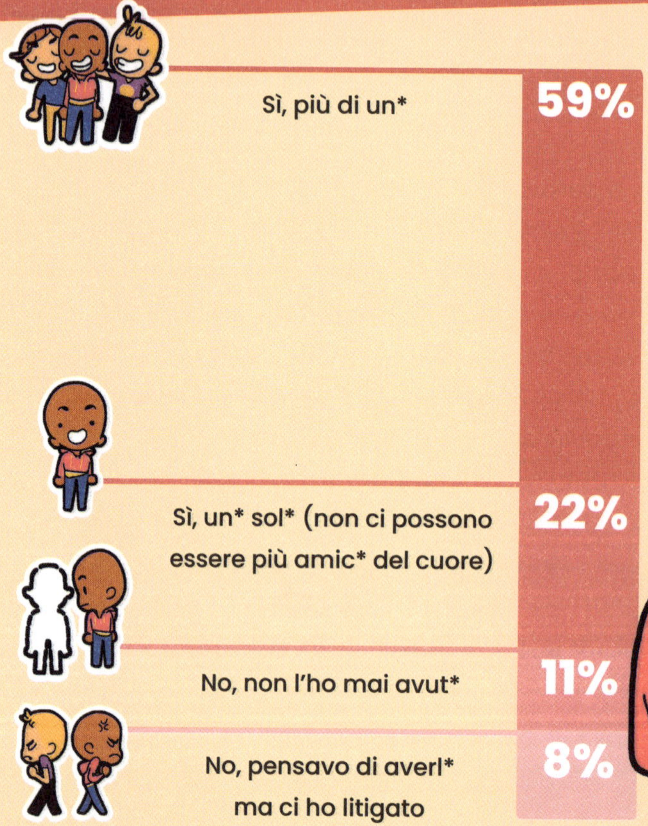

Vi siete conosciut*...

Per piacere a un* amic* cosa saresti dispost* a fare?

Per piacere agli altri bisogna **essere se stessi**, altrimenti quell'amic* non vede ciò che sei davvero ma ciò che vuoi essere.

Darei la **mia vita**.

L* **aiuterei** nelle situazioni difficili, però deve farlo anche lui/lei.

Cercherei di appassionarmi ai suoi **hobby**.

I miei aiutanti preferiti quando ho un problema:

Se l'amicizia si trasforma in amore...

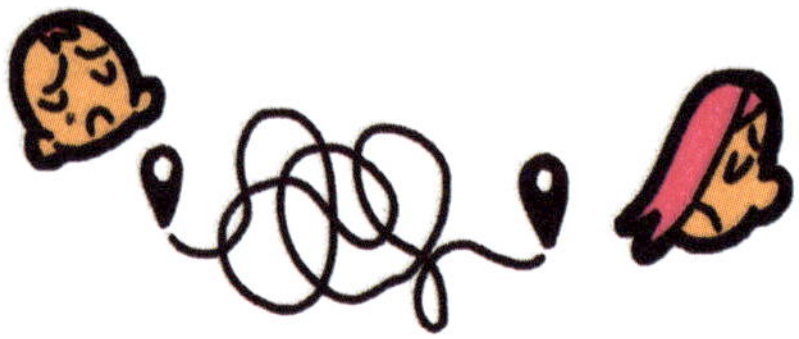

50%
Diventa tutto più difficile

16%
È una fortuna

14%
Finisce l'amicizia

11%
Diventa tutto più facile

6%
È un errore

3%
Non è vero amore

Quando ti sei sentit* tradit* da un* amic*?

Ho scoperto che **sparlava** di me alle mie spalle.

Quando ha **baciato** la persona che piaceva **a me**.

Quando ha iniziato a trattarmi come un **ripiego**.

Quando pur di rovinarmi la vita ha fatto girare **chat private** a diverse persone.

Quando **sminuisce** i miei problemi.

I tuoi genitori conoscono i/le tu* amic*?

I tuoi genitori giudicano le tue amicizie?

Gli/le amic* conosciut* online...

Da cosa ti accorgi che un'amicizia è finita?

Quando una persona diventa **avara** con me.

Quando non c'è più uno **scambio di idee**.

Quando non c'è **reciprocità**.

Perdere un* amic* può essere **difficile** come rompere con un partner, ma è necessario quando le cose non funzionano. Se la tua amicizia è più tossica che benefica, potrebbe essere il momento di **staccare la spina**.

La domanda che non c'era:

poni la domanda alla tua classe, ai tuoi amici, a chi vuoi.

La domanda che non c'era:

scrivi o rappresenta qui le domande che avresti voluto porre.

/LOGOUT

AMORE

AMORE

L'amore è la verità, la passione, l'esserci sempre l'un per l'altr*, la complicità.*

Quando non vedo l'ora che sia mattina per rivederl.*

Non si capisce, si sente.

Se mi provoca dei brividi ogni volta che sfiora il mio corpo.

Se riesce a farmi sorridere.

Troppo potente per essere spiegato, ma abbiamo la fortuna di poterlo sperimentare.

Questo ci fa degni di essere umani, provare Amore.

Amore.

Cinque lettere **dalla forza deflagrante**.

Cinque lettere che ci fanno volare, ci fanno piangere, liberano le farfalle nello stomaco, ci pietrificano e ci elettrizzano, ci fanno fare sciocchezze e ci fanno elaborare strategie mai pensate prima, ci fanno sentire l'ombelico del mondo o ci fanno sprofondare tre metri sotto terra. L'amore **è la scintilla dell'esistenza** (e anche dell'evoluzione, inutile negarlo) ed è qualcosa con cui tutti - prima o poi, ci piaccia o non ci piaccia - dobbiamo fare i conti. L'amore perfetto esiste? E quello eterno? E c'è un'età giusta per baciarsi, sfiorarsi, fare le prime esperienze? Interrogativi che ci trasciniamo dietro da sempre, anche se il vero interrogativo forse è un altro: ma ha senso farsi queste domande? L'amore non è già la risposta più bella, più silenziosa e più incomprensibile a tutti questi dubbi? Ora basta **cercarlo e trovarlo**. O aspettare che sia lui a trovare noi...

Quanto conta per te l'amore?

50%

Abbastanza, ma se non trovo quell* giust* non ne faccio una malattia

39%

Tantissimo, avere una persona accanto è importantissimo

11%

Poco/Per niente, si può vivere bene anche senza

Hai mai tradito la persona di cui ti sei innamorat*?

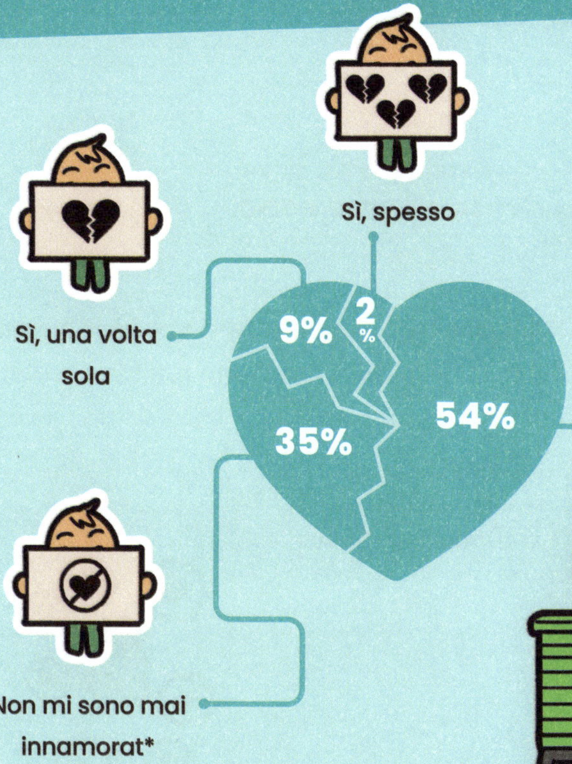

Per piacere a qualcuno cosa saresti dispost* a fare?

Nulla di esagerato o assurdo, se piaccio a qualcuno devo piacere **per come sono**.

Andare fuori dalla mia **comfort zone** e fare cose che piacciono anche a lui/lei.

Cambiare degli aspetti di me che potrebbero essere nocivi alla nostra relazione.

Le cose che più non sopporti del fidanzamento:

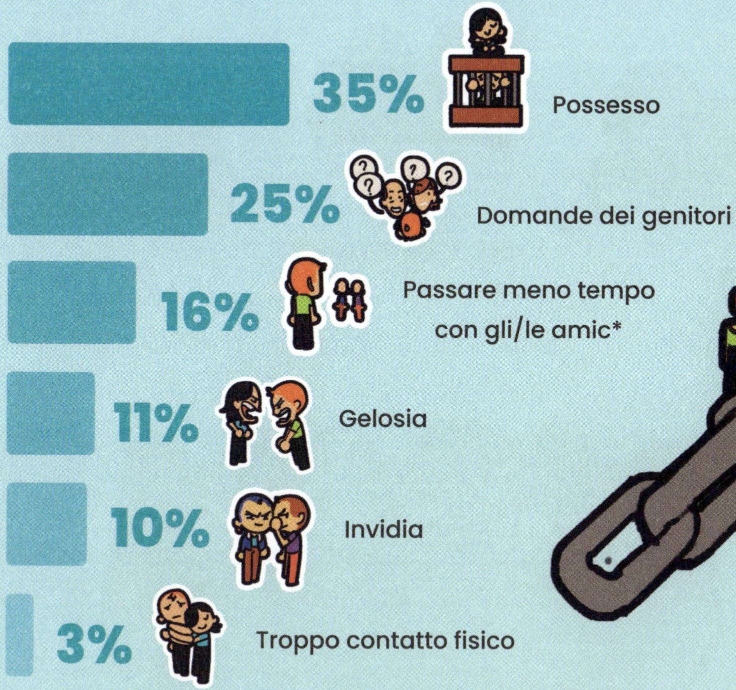

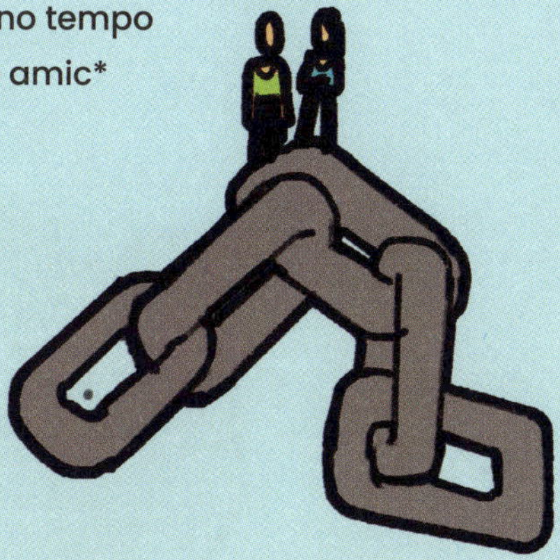

I tuoi genitori sono il tuo modello d'amore?

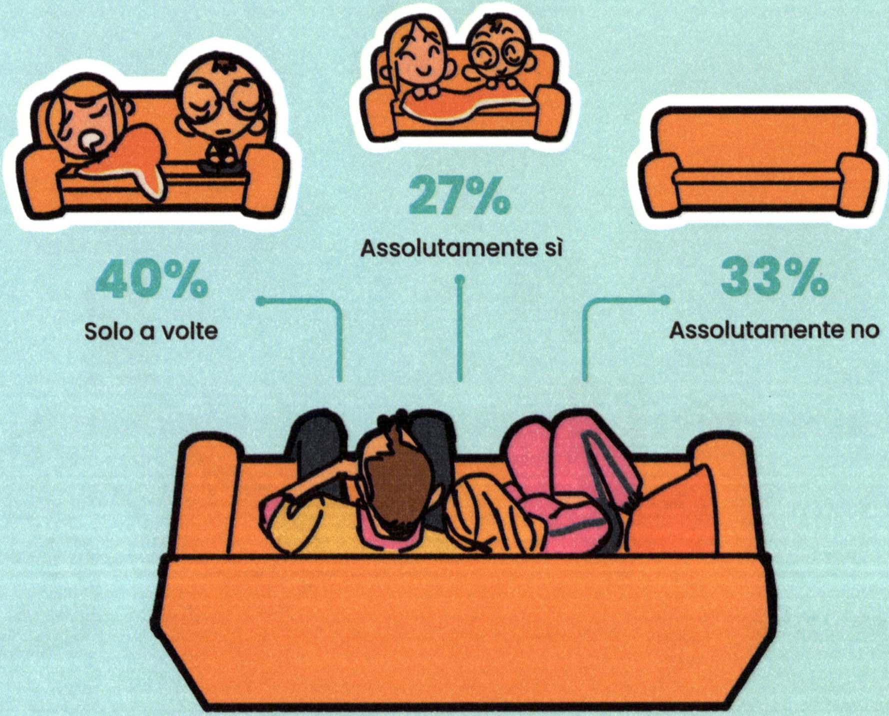

Sesso e amore sono la stessa cosa?

Da cosa capisci che ti sei innamorat*?

L'amore è la verità, la passione, l'**esserci sempre** l'un* per l'altr*, la complicità.

Quando **non vedo l'ora** che sia mattina per rivederl*.

Non si capisce, si **sente**.

Se riesce a farmi **sorridere**.

Troppo potente per essere spiegato, ma abbiamo la fortuna di poterlo provare. Questo ci rende **degni di essere umani**, provare Amore.

Se mi provoca dei **brividi** ogni volta che sfiora il mio corpo.

Qual è l'età giusta per la "prima volta"?

14 anni	18 anni	?	
2%	**10%**	**8%**	**80%**
Entro i 14 anni, il prima possibile	Entro i 18 anni	Dopo i 18 anni ogni momento è buono	Non c'è un'età giusta: dipende da quando ci si sente pronti

Hai mai detto "Ti amo" a qualcuno?

Secondo te, per un maschio l'amore cos'è?

La voglia di avere qualcuno **a fianco**.

Ciò che lui **ritiene giusto**, per alcuni solo sesso.

Dipende dalla persona, non dal **genere**.

Dipende dai ragazzi, molto spesso tendono a fidanzarsi solo per fare i **fighettini** con gli amici, trovare un buon fidanzato è una grandissima **vittoria**.

Ultimamente mettere insieme maschio e amore nella stessa frase mi sembra una cosa un po' **fuori dal mondo**.

Secondo te, per una femmina l'amore cos'è?

È la parte mancante che cerca da tanto tempo, quella cosa che **la fa stare bene** sempre e comunque, una certezza.

Una **protezione**.

È poesia, è un **campo di fiori**. La donna fa dell'uomo quasi una figura di riferimento e molte volte, purtroppo, viene maltrattata.

Per una femmina è trovare il principe azzurro, farsi **film mentali** sin dal primo sguardo.

La domanda che non c'era:

poni la domanda alla tua classe, ai tuoi amici, a chi vuoi.

100%

80%

60%

40%

20%

La domanda che non c'era:

scrivi o rappresenta qui le domande che avresti voluto porre.

....

....

....

/LOGOUT

CORPO

CORPO

Cerco di valorizzarlo, di viziarlo, di farlo sentire sicuro di se stesso e speciale in un certo senso, come se fosse una persona.

Lui, il **nostro corpo**. Impossibile ignorarlo. Impossibile farne a meno. Impossibile cambiarlo come se fosse un abito, così, giusto per capire - anche solo per un attimo - come si starebbe con un corpo altro, diverso. Già, impossibile. Ci conviviamo dal primo vagito ma ci sembra di non conoscerlo, a volte lo curiamo e lo accudiamo ma sembra che neppure se ne accorga, altre volte proprio non lo consideriamo e trova sempre il modo per farcela pagare. Spesso lo maltrattiamo pure, lo feriamo, lo portiamo al limite proprio per rinfacciargli tutte le nostre sofferenze. **Il nostro corpo siamo noi**. Fare male a lui vuol dire fare male a noi. E lo sappiamo, lo sappiamo benissimo. Dal nostro corpo passa tanto di noi: la salute, la qualità della vita, il benessere fisi-

co. Ma anche il nostro **essere più o meno sicuri**, più o meno sereni, più o meno spontanei. E non bastano un'ora di palestra, un ritocco di Photoshop né un giro di chirurgia estetica a trasformarci, lo sappiamo bene. Anche se a volte abbiamo bisogno di quello per stare meglio. Siamo quello che siamo o siamo quello che appariamo? Chissà quante volte ce lo siamo chiesti, magari cercando la foto profilo giusta o sperando in un like sotto a una nostra immagine proprio da quella persona.

Valorizzarlo, renderlo speciale, rispettarlo: c'è chi parte da questo **per entrare in sintonia** con il proprio corpo. Per sentirsi parte integrante – e indissolubile – di esso. In modo da esserne valorizzati, resi speciali e rispettati.

Dal punto di vista fisico, nel complesso, ti piaci?

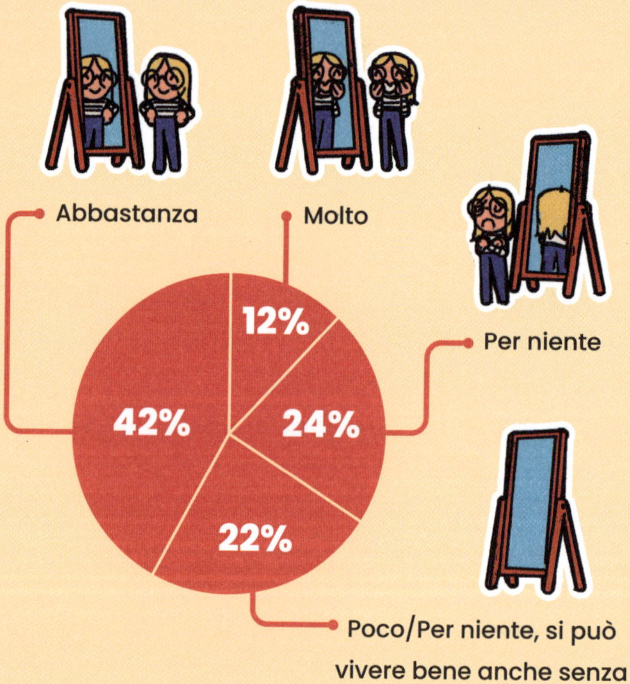

Per essere più bell*, di solito, ritocchi le tue foto?

54% No, mai

35% Dipende dall'importanza della foto

11% Assolutamente sì, apparire bell* è fondamentale

Per essere più bell* faresti un intervento di chirurgia estetica?

10%
Assolutamente sì, l'immagine è fondamentale

33%
Dipende da quanto è visibile il difetto

57%
No, lo farei solo se di mezzo ci fosse la salute

C'è una parte del tuo corpo che non ti piace?

Cosa non ti piace, più di tutto, del tuo corpo?

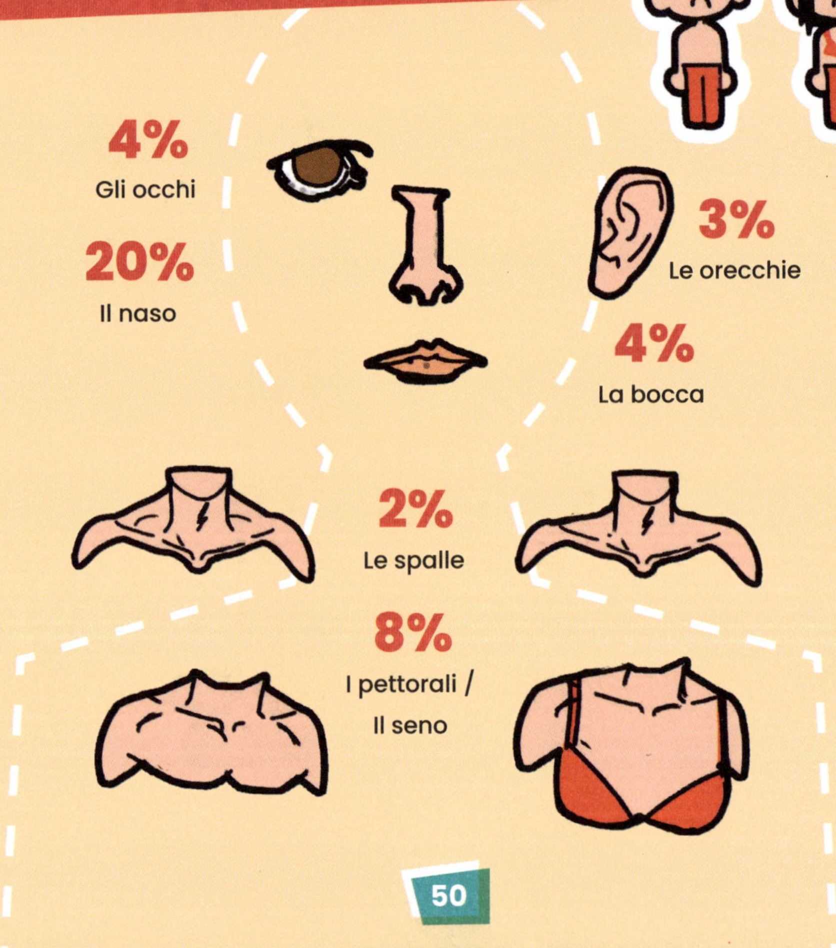

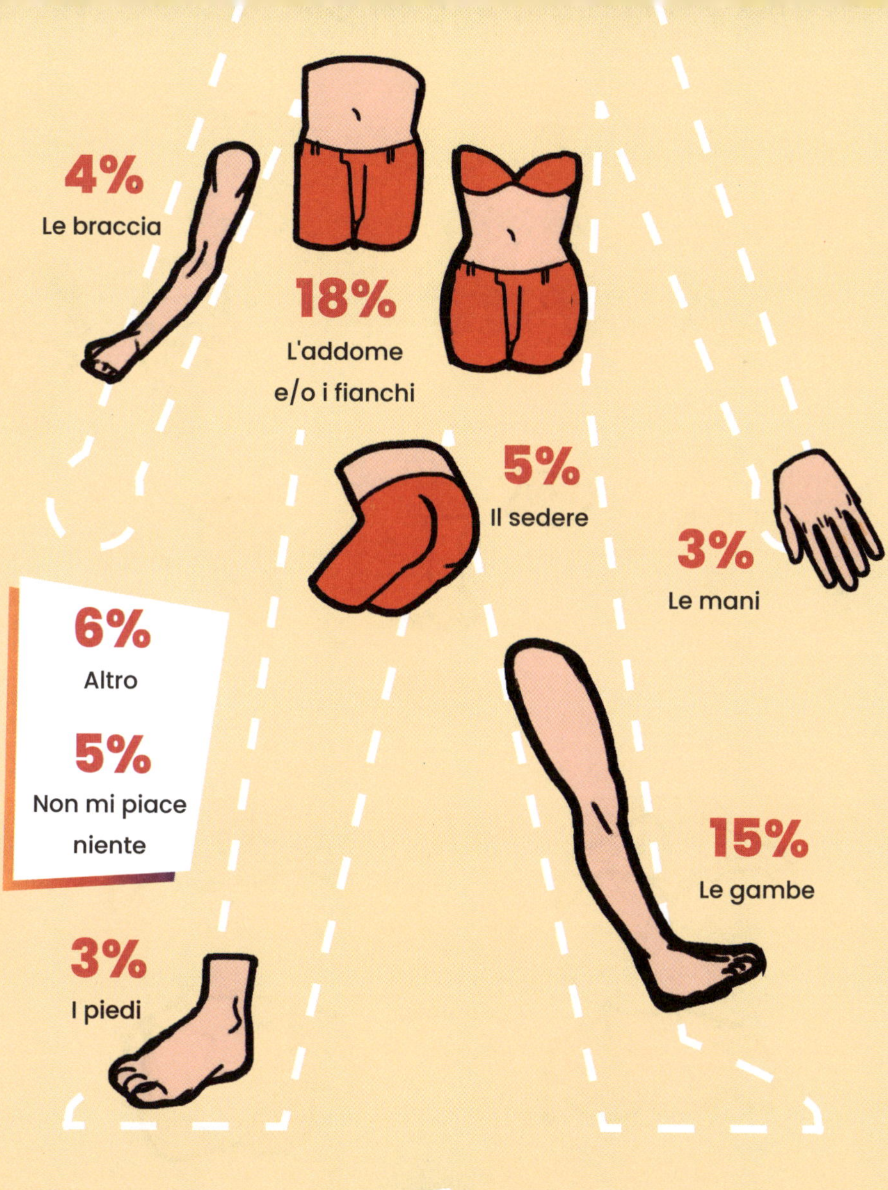
4%
Le braccia
18%
L'addome
e/o i fianchi
5%
Il sedere
3%
Le mani
6%
Altro
5%
Non mi piace
niente
15%
Le gambe
3%
I piedi

Cosa ti piace di più del tuo corpo?

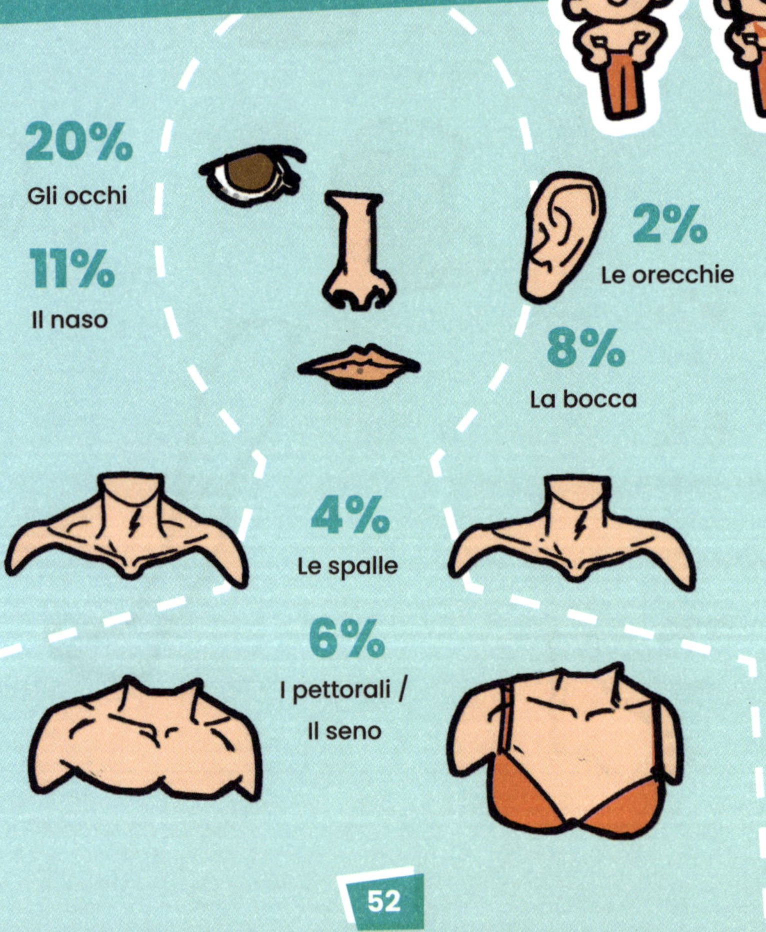

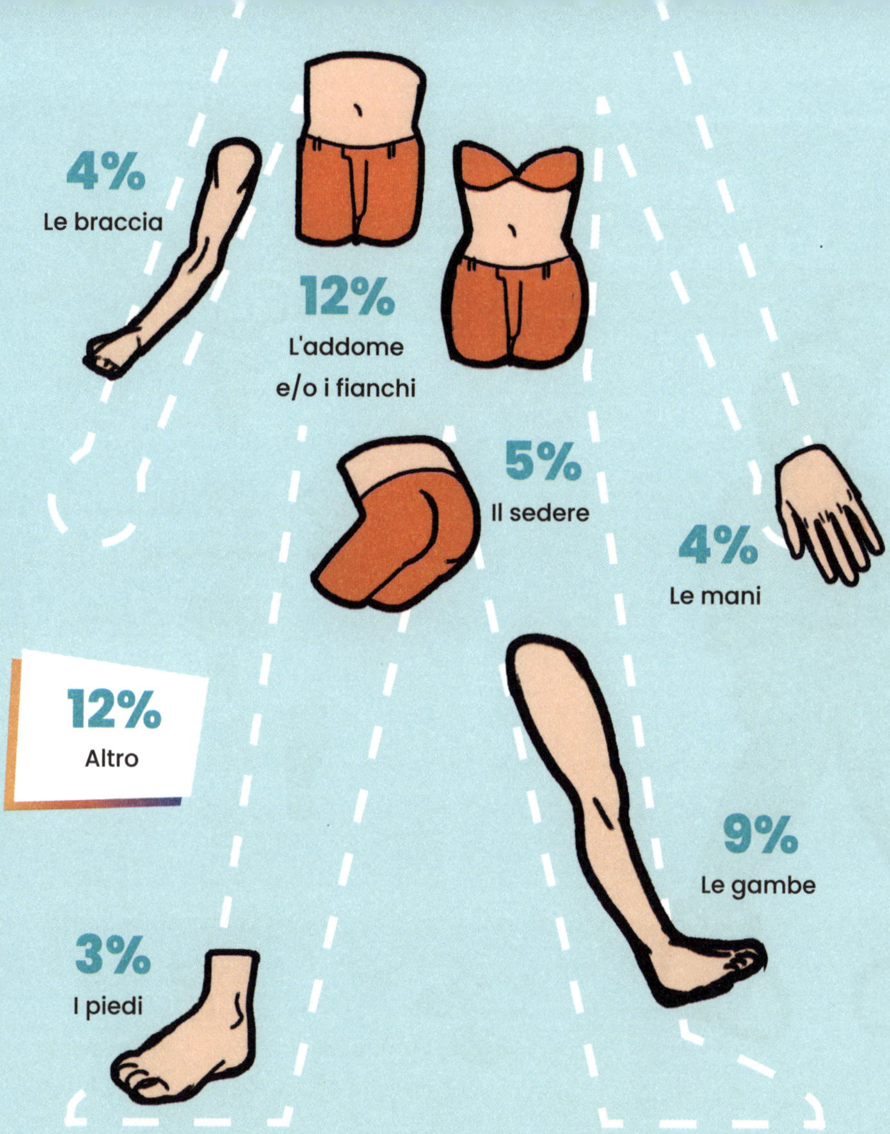
4%
Le braccia
12%
L'addome
e/o i fianchi
5%
Il sedere
4%
Le mani
12%
Altro
9%
Le gambe
3%
I piedi

La prima cosa che guardi in una persona...

- **38%** Simpatia
- **21%** Intelligenza
- **14%** Corpo
- **12%** Look
- **9%** Altri aspetti diversi da questi
- **3%** Disponibilità economiche apparenti
- **3%** Smartphone che ha

Il tuo corpo...

50%

Mi fa sentire
insicur*

18%

Mi fa sentire
sicur*

32%

Non influenza il mio
atteggiamento

L'attenzione per il proprio corpo...

85%
Non dipende dall'essere maschio o femmina

11%
È una cosa da femmine

4%
È una cosa da maschi

Se stai male nel tuo corpo...

35%
Cerco di fare pace con il mio corpo

25%
Non lo dico a nessuno

20%
Lo dico a qualcuno

20%
Me la prendo con il mio corpo

Quanti selfie ti scatti mediamente?

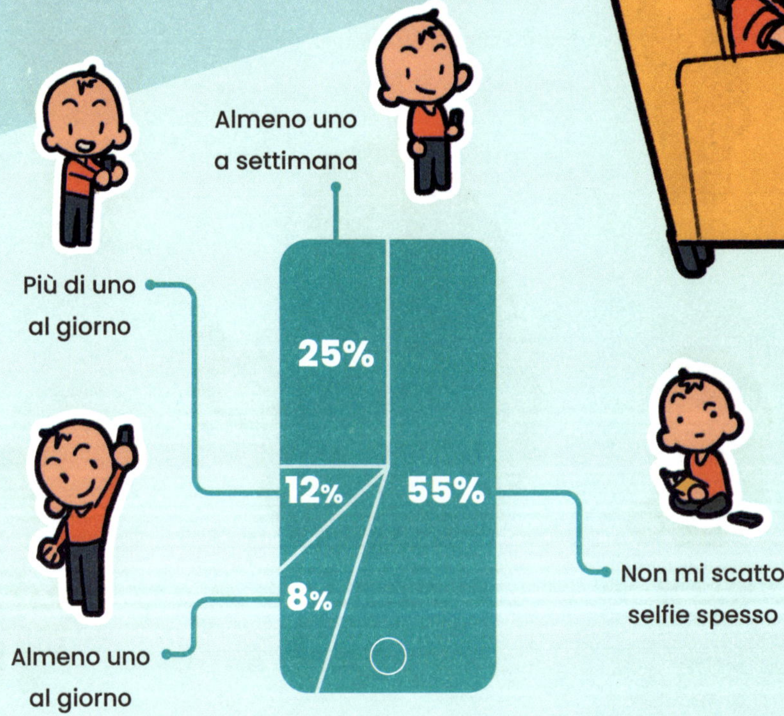

Ti prendi cura del tuo corpo?

Cosa fai per prenderti cura del tuo corpo?

Uso spesso creme e cerco di non **stressare** troppo la **pelle**.

Mangio sano e cerco di **allenarmi**.

Provo a mantenere una **dieta equilibrata**, faccio un po' di esercizio fisico e cerco di non fare cose che potrebbero mettermi in pericolo come persona (tipo drogarmi o cose così).

Docce ogni giorno, **maschere** una volta alla settimana, **creme** corpo.

Bevo tanta **acqua**.

Curo barba e sopracciglia, uso creme per i brufoli, evito di **mangiare le unghie**.

Faccio **meditazione**.

La domanda che non c'era:

poni la domanda alla tua classe, ai tuoi amici, a chi vuoi.

La domanda che non c'era:

scrivi o rappresenta qui le domande che avresti voluto porre.

....

....

....

/LOGOUT

CREDO

CREDO

Credo in Chiara Ferragni / Credo nella forza della vita / Credo nel mio miglior amico / Credo in chi cerca di cambiare il mondo / Credo a me stesso perché non posso raccontare fandonie / Credo ai miei genitori / Credo in Piero Angela / Credo nei poeti / Credo nei miei valori / Credo nelle mie due sorelle maggiori / Credo in Frida Kahlo / Credo in qualunque medico, non c'è bisogno che sia famoso.

Fidarsi. E affidarsi. A qualcosa, a qualcuno. C'è chi cerca questo appiglio nella religione e chi nelle amicizie, chi in un personaggio famoso e chi in famiglia. E c'è anche chi si fida solo di se stesso e solo a se stesso si affida. **Crediamo a qualcosa o qualcuno?** A volte crediamo di sì, altre volte crediamo di no. Di solito crediamo di non saperlo. Ma il credere e il non credere passano proprio per la "**fede**": lo si fa a prescindere, lo si fa perché si sente che è

la cosa giusta, lo si fa perché in cambio si ha una sensazione di serenità, di sostegno. Di pienezza. Credere in qualcosa e qualcuno in fondo è questa cosa qua: **buttarsi, sperando che ci sia una rete**. Un materasso morbido e avvolgente, in cui sentirsi protetti e accuditi. Ma credere vuol dire anche **investire** su quella cosa o su quel qualcuno, delegare scelte e decisioni, mettere in mani altrui pezzi importanti di noi, come la salute, il futuro che vivremo o – semplicemente – le regole che scandiscono la nostra quotidianità. E, in un mondo di fake news, credere a chi dice che non c'è più nulla a cui credere significa aver abboccato alla più pericolosa delle bufale.

Ti senti migliore o peggiore dei tuoi genitori?

28%
Sono entrambi migliori di me

27%
Sono al mio stesso livello

20%
Migliore di almeno un* dei due

17%
Migliore di entrambi

8%
Peggiore di almeno un* di loro

Ti fidi degli adulti che ti circondano?

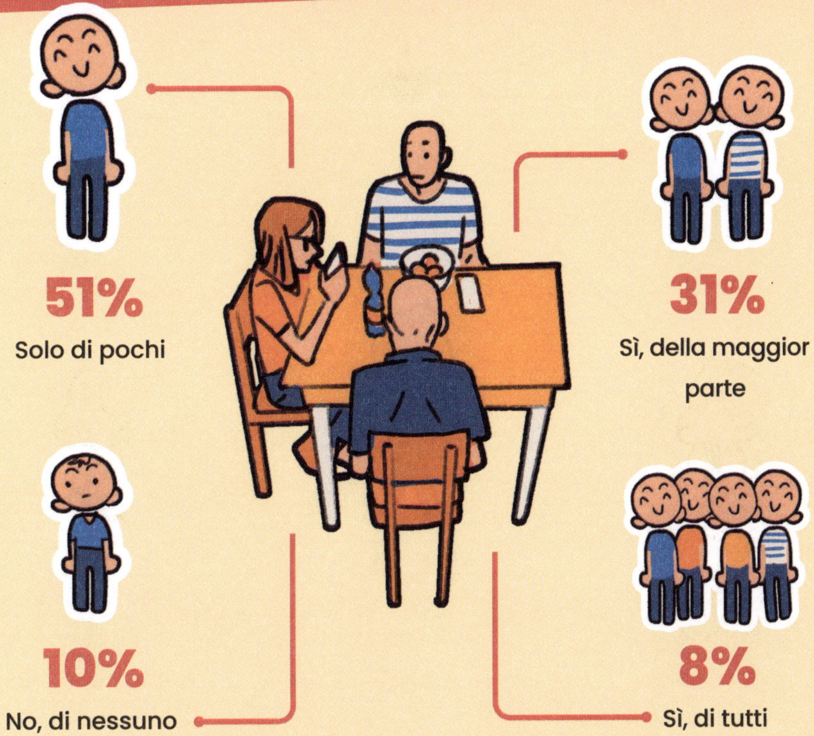

Sei credente?

28%

Sì, sono credente e praticante

35%

No, sono ate*

37%

Sì, sono credente ma non praticante

La religione è...

37%
Qualcosa che mi lascia indifferente

25%
Una guida per la vita

19%
Un aiuto

10%
Qualcosa di antico

9%
Una gabbia

Credi nei politici?

Credi negli scienziati?

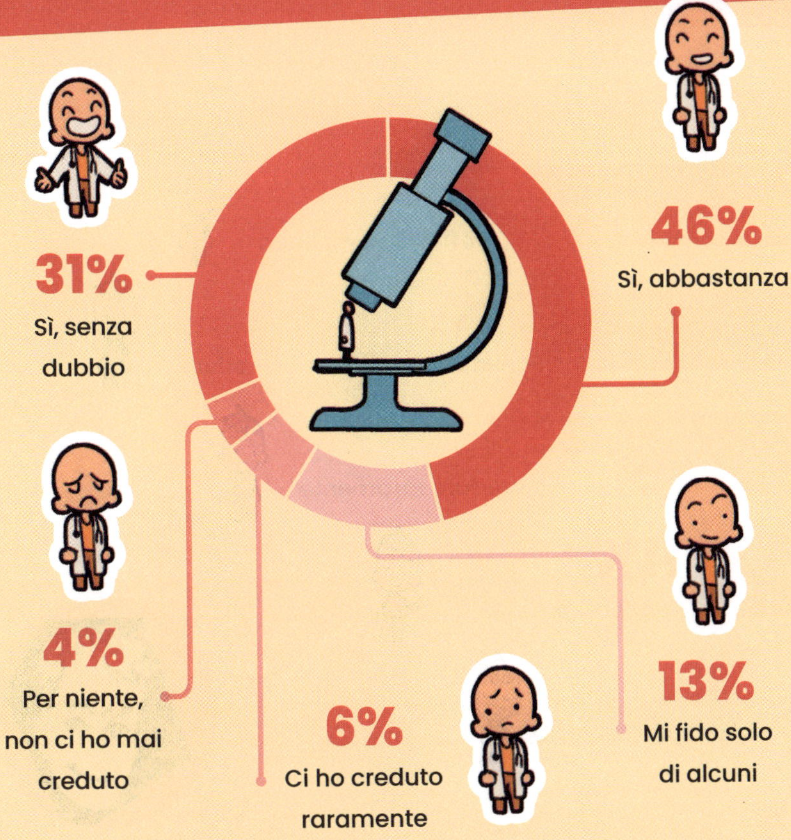

Credi negli influencer?

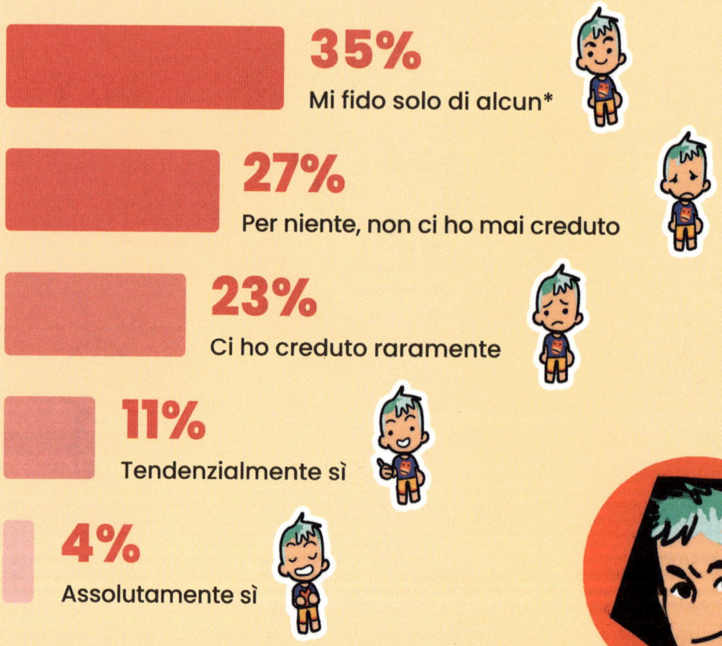

Credi nel Web?

79%

Abbastanza, ma deve essere usato con intelligenza

14%

Assolutamente sì, è uno strumento fondamentale

7%

Poco, è uno strumento pericoloso

Quanto credi alle notizie che leggi su Internet?

82%
Dipende dalle notizie e dai siti su cui si trovano

6%
Ciecamente, è uno strumento democratico in cui tutti possono dire la loro

12%
Non tanto, sono davvero poche le fonti affidabili

Credi nei professori?

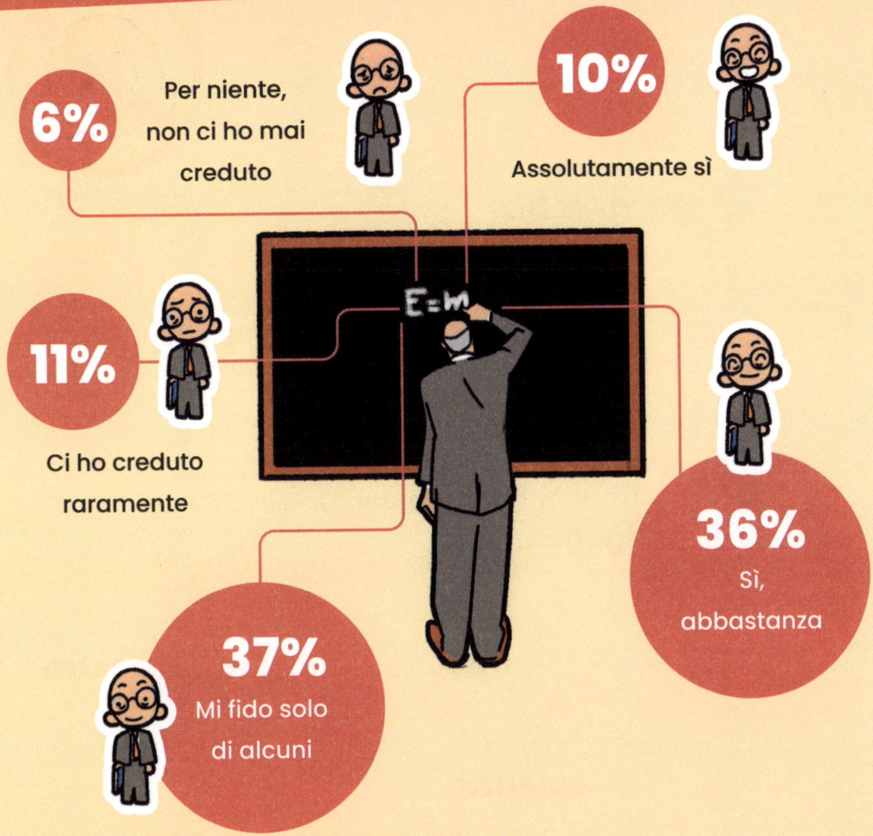

Non credi alle persone che...

Vivono coi **paraocchi**.

Tendono a dirti che **andrà tutto bene**.

Io non credo molto agli **influencer**, la maggior parte di loro non ha nemmeno un alto grado di **intelligenza**.

Fanno di tutto per **mettersi in mostra**.

Non credono nella **scienza**.

Non credo a quelle persone che si costruiscono delle **maschere** intorno.

Non credo ai **negazionisti** e ai complottisti.

Che sono **incoerenti**.

Semplificano troppo le questioni.

Mi **lodano**.

Non credo alle persone che hanno come obiettivo di vita i propri **interessi**.

Credono di **sapere tutto**.

Qual è una persona o un personaggio (famoso o meno) a cui credi?

Nella vita di ogni giorno sai di poter credere...

Nella **mia mamma**, la persona che mi accetta per ciò che sono, che amo incondizionatamente, senza la quale non saprei vivere (anche se non glielo dico spesso).

Nel mio **migliore amico**, credo sia l'unico... È stato al mio fianco quando ne avevo bisogno e la distanza non ha mai interrotto l'aiuto che mi offre quotidianamente. Attualmente credo che sia l'unica persona di cui fidarmi per davvero.

In **me stessa**, ogni volta che cado e mi rialzo. Alla forza della vita.

La domanda che non c'era:

poni la domanda alla tua classe, ai tuoi amici, a chi vuoi.

100%

80%

60%

40%

20%

La domanda che non c'era:

scrivi o rappresenta qui le domande che avresti voluto porre.

/LOGOUT

FELICITÀ

FELICITÀ

La felicità è relativa, ognuno fa un percorso diverso per riuscire a trovarla / La felicità non sta nel raggiungere la meta della tua strada, la felicità sta nel percorrerla / Mi rende felice la consapevolezza di avere al mio fianco la mia famiglia, i miei amici e il mio fidanzato. Mi rende felice sapere che posso contare su di loro / La felicità è potersi togliere le maschere / La felicità sono le piccole cose: una buona giornata di studio, un libro piacevole, una giornata con le amiche, un bacio rubato, sono le piccole cose a fare la differenza, quelle che in molti sottovalutano / Come dice un personaggio di una celebre saga: "La felicità possiamo trovarla anche negli attimi più tenebrosi, basta ricordarsi di accendere la luce" / La felicità è accettare se stessi.

Felicità. Che parolone, vero? Un sentimento avvolgente e ingombrante, desiderato e indefinito, soggettivo e

sfuggente. Ci sono attimi in cui ci sembra di capire tutto della felicità, e pochi istanti dopo invece ogni certezza si sbriciola. Ci sono giorni, settimane, mesi, in cui pare invece non ci sia spazio per lei, e all'improvviso tutto cambia colore e la gioia diventa la colonna emotiva della nostra quotidianità. Cosa ci rende felici e infelici? Bella domanda! E chi lo sa? E anche chi lo sa è comunque consapevole che non esistono una ricetta, un algoritmo esatto, un **manuale di istruzioni** per essere felici. Però chiederselo aiuta. Fa bene. Chiarisce le idee. Orienta le nostre scelte sulle strade della vita. La felicità a volte è una fortuna, il più delle volte è una **conquista**. Farla propria – la felicità – è una di quelle cose per le quali vale la pena provarci. Ognuno come vuole, ognuno come può. Ognuno partendo da se stesso. Perché forse #maiunagioia è solo un hashtag...

Pensando alla tua vita, ti ritieni una persona felice?

35%

No

65%

Sì

Quanto spesso ti senti felice?

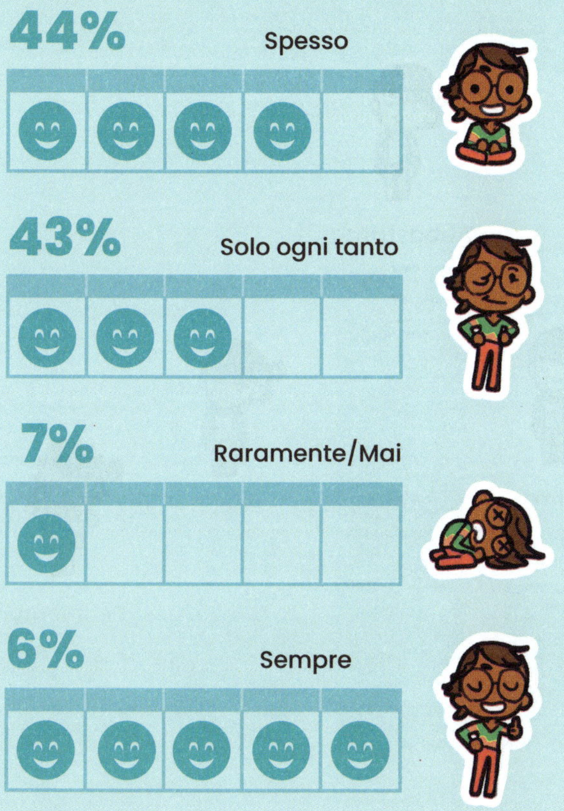

Se consideri il tuo essere e non il tuo corpo, ti piaci come persona?

L’apprezzamento altrui per te conta...

53%
Abbastanza, fa sempre piacere

36%
Tantissimo, mi dà una marcia in più

11%
Davvero poco o niente, basta essere sicuri di sé

Chi è la persona più felice che conosci?

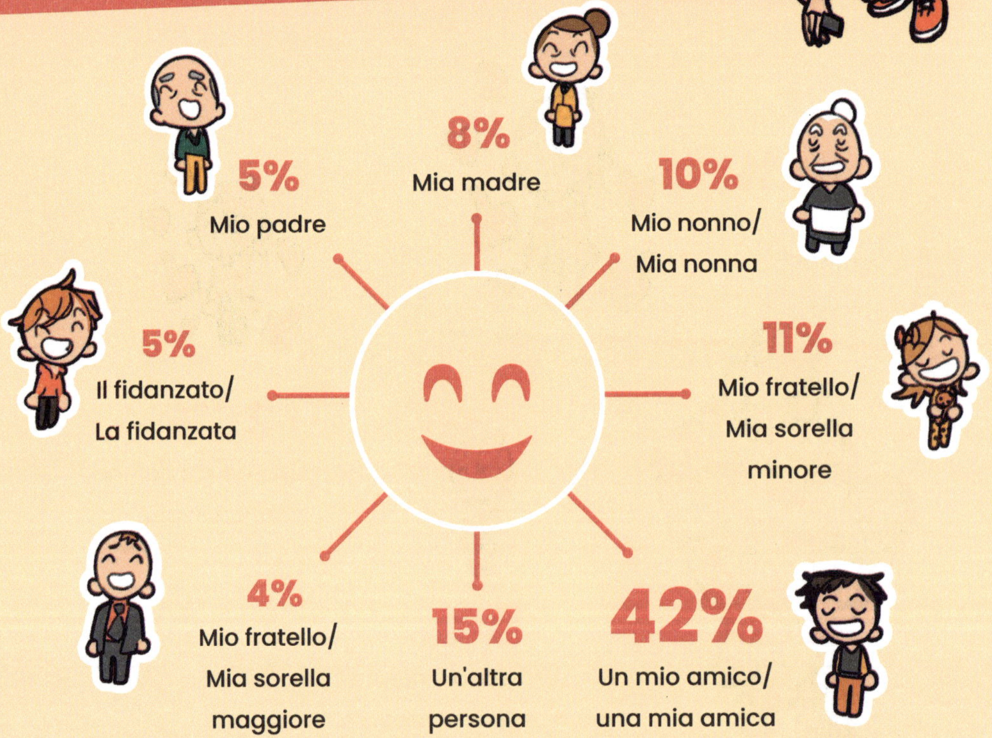

Quando ti senti infelice...

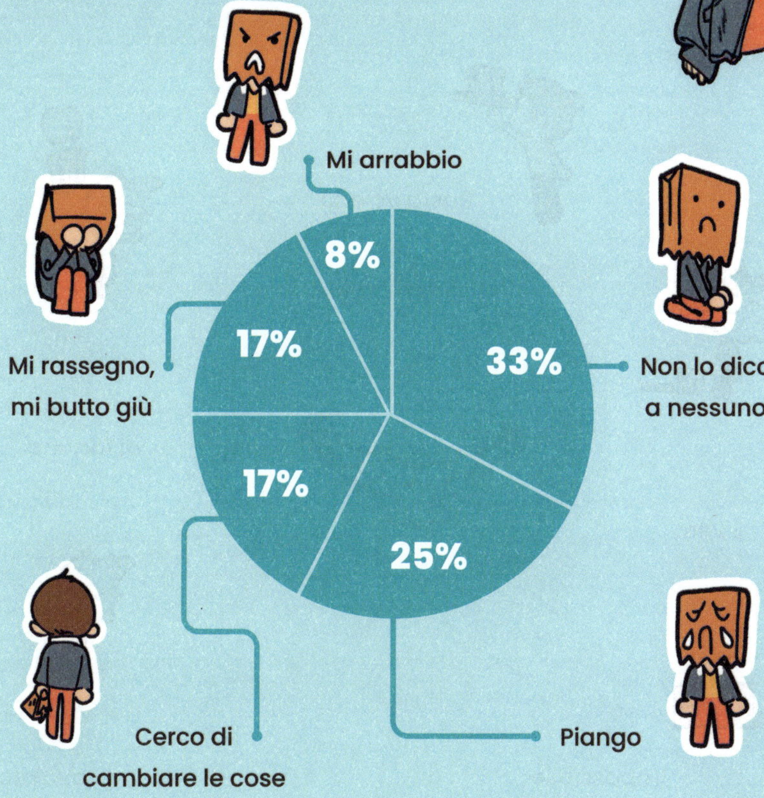

Tutt* possono trovare la felicità?

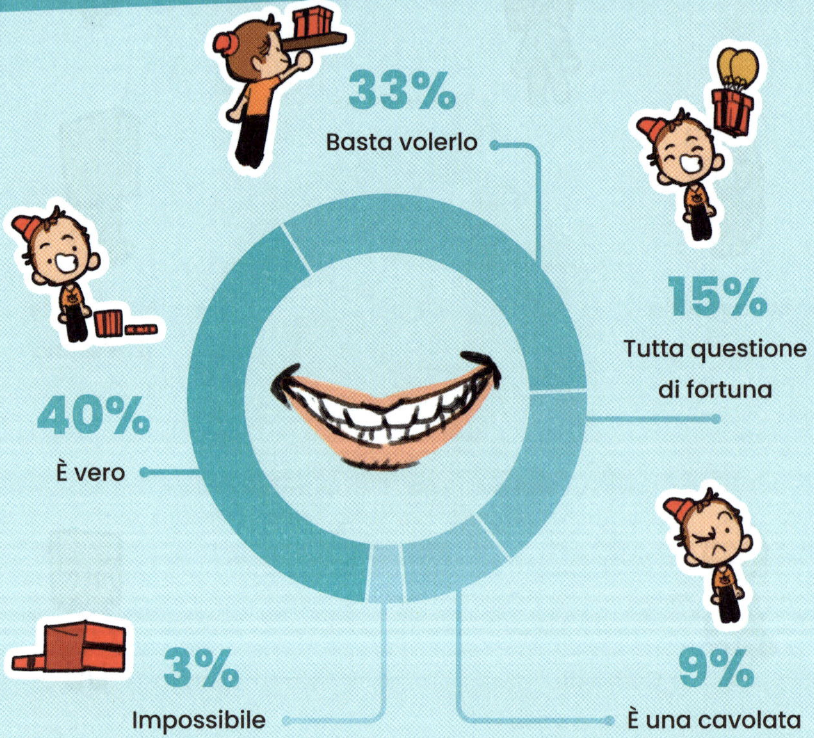

Chi è, fra queste, l'ultima persona che ti ha chiesto "Sei felice?"?

Quali sono le cose che ti rendono felice?

Momenti in compagnia di amici, famigliari, momenti in cui non penso a nulla, solo a divertirmi.

I dolci **messaggi** del mio ragazzo, la **risata** isterica della mia migliore amica e fare i **TikTok**.

Stare tra la folla, l'estate, il mare, l'**amore appena sbocciato**.

Non essere **esclusa**.

La musica, gli amici, viaggiare e vedere la **gente felice**.

Il **cioccolato**.

La **musica**.

Viaggiare.

Le passeggiate con il cane, gli allenamenti a casa, la nonna che mi insegna a cucinare, quando mi faccio delle maschere oppure mi escono bene i capelli: sono **momenti piccoli ma felici**.

Far stare bene mia **mamma**.

La felicità è nei dettagli?

Sì, ma **non sono le cose** a dare la felicità, secondo me. Sono le persone a portarti gioia.

Sì, sono le **piccole cose** a fare la differenza, quelle che in molti sottovalutano.

Sì, come quando vedo due persone anziane tenersi **per mano**.

Sì, quando sto con la mia famiglia e guardiamo un film o una serie tv insieme, mi sento felice perché mi rendo conto che siamo veramente **uniti**.

Da dove arriva la felicità?

La domanda che non c'era:

poni la domanda alla tua classe, ai tuoi amici, a chi vuoi.

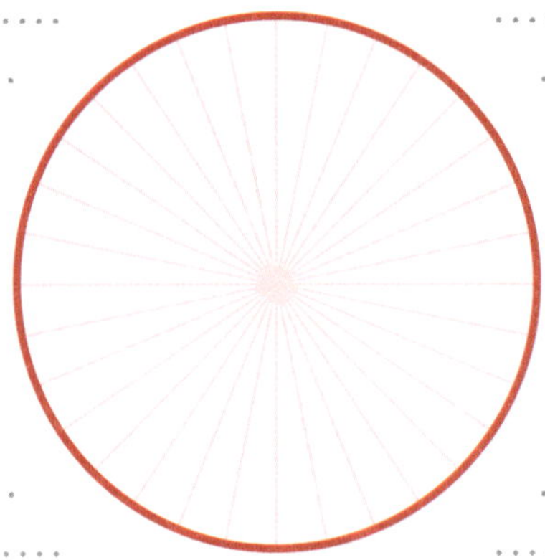

La domanda che non c'era:

scrivi o rappresenta qui le domande che avresti voluto porre.

....

....

....

/LOGOUT

FUTURO

FUTURO

Sogno di diventare come... Cristiano Ronaldo / Rita Levi-Montalcini / Leonardo DiCaprio / Jeff Bezos / Lady Gaga / Renzo Piano / Greta Thunberg / Sfera Ebbasta / Angelina Jolie / Alberto Angela / Coco Chanel / Gino Strada / Checco Zalone / Maria De Filippi / Ariana Grande / Giovanni Falcone / Walt Disney / Alessandro Barbero / Ultimo / Kobe Bryant / Fabrizio De André / Samantha Cristoforetti / Mark Zuckerberg / Marie Curie / Chiara Ferragni / Albert Einstein / Gemitaiz / Lewis Hamilton / Kamala Harris / Federica Pellegrini / Valerio Lundini.

Chi vorremmo essere da grandi? Wow, che domandone! Vero, ognuno di noi ha il suo modello. Ognuno di noi, se potesse fare cambio anche solo per un giorno, vorrebbe provare a vivere la vita di quel campione, di quella star, di quella scienziata o di un geniaccio trovato sui libri

di storia. Ma poi, finito il giochino distopico, la domanda rimane: chi vorremmo essere da grandi? **Il futuro attira e spaventa**, stimola e genera ansia, è una pagina – per fortuna – tutta da scrivere ma è anche fonte di panico da pagina bianca. Immaginare i nostri possibili domani può aiutarci a **scegliere chi essere oggi**, e viceversa: come ci giochiamo il presente influenza – o almeno può influenzare – il nostro futuro. E iniziare a puntare sulle proprie priorità: il lavoro? L'indipendenza? L'avere o non avere una famiglia? Seguire i propri sogni o ambire il prima possibile a una stabilità economica? Nessuno ha la sfera di cristallo, ma ognuno di noi – da qualche parte – sa quali sono le corde che sente meglio vibrare. Forse, pensare al futuro è proprio questo: **sapersi ascoltare**.

Quanto è importante per te il successo nella vita?

Nel tuo futuro preferisci un lavoro che realizzi...

Quanto sono importanti per te i soldi?

Abbastanza importanti, ma solo l'occorrente per vivere dignitosamente

45%

Molto importanti, la bella vita piace a tutt*

40%

Fondamentali, la base di ogni cosa

12%

Poco/Per niente, sono altre le cose importanti

3%

Ti senti un* buon* figli*?

9%
Assolutamente sì, non saprei come essere migliore

17%
Non tanto, spesso creo problemi ai miei genitori

68%
Abbastanza, ma potrei essere ancora meglio

6%
Per niente, i miei genitori sono costantemente arrabbiati con me

Un domani, vorresti avere un* partner per la vita?

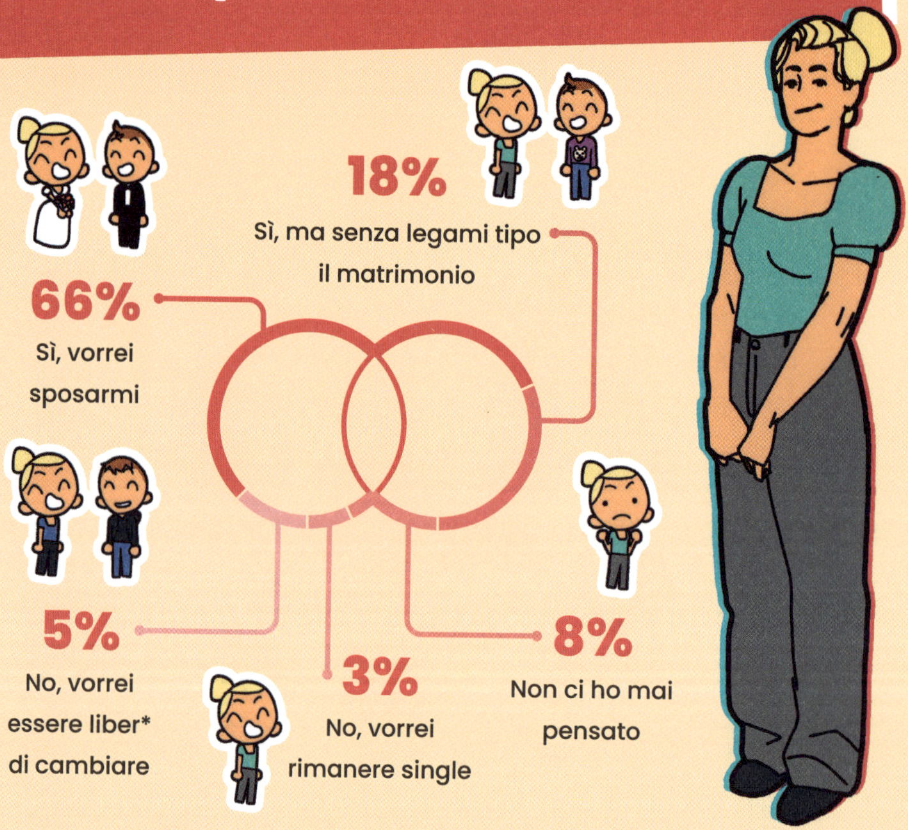

Un domani, vorresti avere un* figli*?

Se dovessi diventare genitore, vorresti assomigliare a tuo padre o tua madre?

69%

Cambierei qualcosa, ma nel complesso sono buoni genitori

19%

Per niente, vorrei essere l'esatto opposto

12%

Assolutamente sì, vorrei essere come un* di loro

Qual è, secondo te, il momento ideale per mettere su famiglia?

65%

Bisogna prima pensare alla stabilità personale ed economica

4%

Non bisogna aspettare troppo tempo: più si è giovani, meglio è

31%

Non c'è un momento migliore di altri: quando arriva l'amore

Qual è il mestiere dei tuoi sogni?

Criminologa investigativa/forense.

Cardiochirurga e ricercatrice su cellule staminali.

Poliziotta.

Tatuatrice o la restauratrice di opere d'arte.

Entomologo.

Enologa.

Imprenditore.

Veterinario.

YouTuber.

Investigatrice.

Professore universitario.

Attrice.

Chi tra questi potrebbe essere un modello da seguire?

- **36%** Una persona “normale” che fa qualcosa di grandioso
- **20%** Un* imprenditore/imprenditrice di successo
- **16%** Un* studios* o scienziat*
- **10%** Un* cantante/musicista
- **7%** Un* sportiv*
- **7%** Un* attore/attrice
- **4%** Un* VIP/Influencer

Da grande...

Mi basterebbe semplicemente essere il punto **di riferimento** dei miei figli.

Mi vedo come un'**imprenditrice di successo**, avendo lo stesso stipendio degli uomini della mia professione.

Vorrei entrare a far parte dell'**esercito** italiano, sto già cercando un'accademia a cui iscrivermi.

Diventerò un'**insegnante**, un **sogno** che spero di portare avanti.

Cosa vorresti fare in futuro?

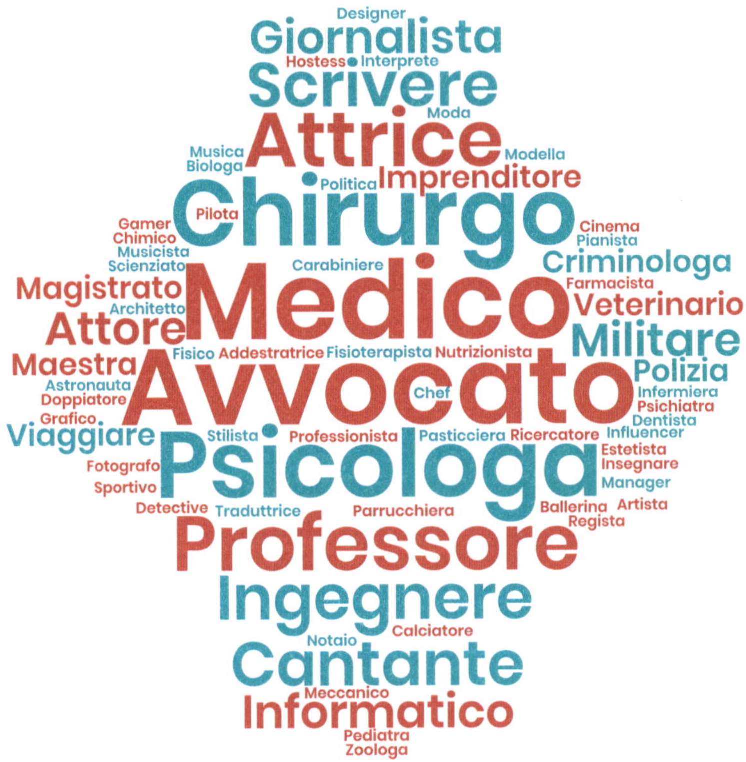

Un modello da seguire è...

La domanda che non c'era:

poni la domanda alla tua classe, ai tuoi amici, a chi vuoi.

....

100%

80%

60%

40%

20%

....

....

La domanda che non c'era:

scrivi o rappresenta qui le domande che avresti voluto porre.

/LOGOUT

IMPEGNO

IMPEGNO

Sono le 07:30. Come ogni mattina salgo sul pullman per recarmi alla mia scuola, distante circa mezz'ora da casa. Mi siedo. I posti liberi finiscono subito; pian piano anche il corridoio viene affollato da studenti in piedi. L'ultimo a salire è lui! Un anziano, zoppo, con le macchie sulla pelle, le rughe sul viso e due occhi azzurri dolci e velati. Forse si sta recando in ospedale. Lo guardo e immagino la sua vita. Timbra il biglietto, e poi rimane lì, in piedi, faticosamente appoggiato a un sedile. Per tutto quel viaggio così turbolento, con curve e dossi, le sue gambe non smettono di tremare. Lo guardo, ma non mi alzo. E me ne pento, tantissimo. Desidero sapere tutto di lui, quanto lavoro hanno sopportato le sue gambe, quanti pesi ha mantenuto, quanti anni ha, se è felice o no... Arrivo a scuola e scendo. E lui rimane lì, sofferente in volto.

Solo, tra tanta gente.

Ti chiedo scusa. Chiunque tu sia.

Pensare per sé, pensare per gli altri: ognuno di noi – più o meno consapevolmente – ha a che fare con questo equilibrio, con la ricerca del mix perfetto di energie spese per sé e per il prossimo. Siamo animali sociali, è indubbio. E – chi più, chi meno – nel sociale troviamo spazi e risorse per realizzarci. **Impegno** è una parola – manco a dirlo – impegnativa: porta subito alla fatica, all'essere sul pezzo! Ma quanto siamo disposti a impegnarci? E in cambio di cosa? Mettersi in gioco, esporsi in prima persona, **prendersi delle responsabilità non è facile**: per alcuni è gratificante, per altri è senso del dovere, per altri ancora è un modo per colorare le proprie giornate. Per alcuni è solo una perdita di tempo. Ma la questione non è essere buoni o cattivi, ma la **realizzazione di se stessi**. L'essere contenti di se stessi. Perché tra tutti gli impegni, quello di mirare alla felicità – propria o degli altri – è forse il più vitale.

Pensi di essere egoista o altruista?

41%

Molto altruista,
mi faccio sempre
in quattro per il prossimo

47%

Abbastanza altruista,
ma comunque vengo
prima io

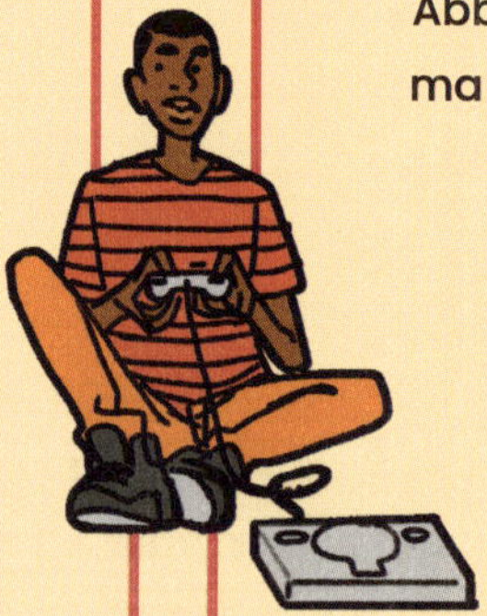

10%

Abbastanza egoista,
involontariamente tendo a
non considerare il prossimo

2%

Molto egoista,
non mi importa
del prossimo

Ti piace studiare?

12%
Tantissimo, lo studio viene prima di tutto

6%
Per niente, se lo studio non esistesse sarebbe meglio

50%
Abbastanza, ma non rinuncio alla mia vita

13%
Poco, preferisco concentrarmi su altre cose

19%
Il giusto, mi accontento del minimo indispensabile

Pensi che le persone della tua età possano cambiare le cose?

71%
Sì, assolutamente

23%
No, gli adulti non ci ascoltano

6%
Solo scendendo in piazza a protestare

Hai mai fatto volontariato?

26%

Sì, credo sia importante

64%

No, ma mi piacerebbe

10%

No, non credo sia un'attività importante

Quale fra questi tipi di volontariato, secondo te, è più importante?

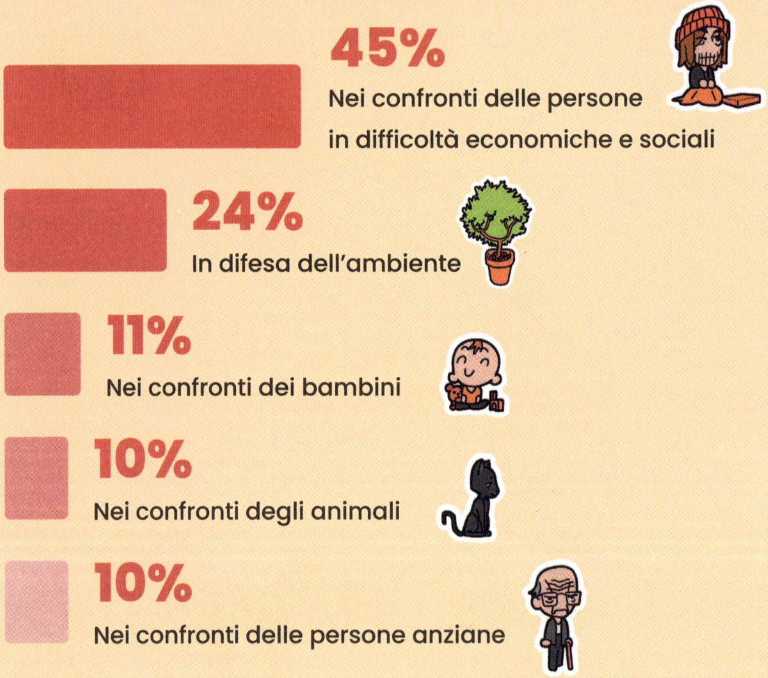

Saresti dispost* a impegnarti al massimo per...

L'impegno politico...

50%

È qualcosa a cui tutt* dovrebbero dedicarsi

23%

È roba da grandi

19%

È una gran noia

8%

È inutile

Quanto sei attent* ad adottare scelte ecosostenibili nella tua quotidianità?

19%	Molto
58%	Abbastanza
20%	Poco
3%	Per niente

Raccontaci di quella volta in cui sei stat* particolarmente ALTRUISTA

Lo sono quando lascio **prendere ad altr*** il **merito** di ciò che faccio perché ne hanno più bisogno di me.

Ogni volta che vedo qualcuno **in difficoltà** o con un problema da risolvere, metto sempre **da parte** i miei bisogni preoccupandomi dei bisogni di quella persona come se fossero i miei, finendo spesso per **farmi del male**.

Altruismo è **esserci per gli altri**. I piccoli gesti fanno la differenza.

Ogni volta che vedo la mia vicina di casa novantenne la **aiuto a portare la spazzatura** fuori.

Secondo me non esistono gesti di grande altruismo: questo valore si dimostra attraverso i gesti di tutti i giorni **pensando a chi verrà dopo**. Per esempio ritengo che il solo fatto di **indossare la mascherina** in questo periodo sia un gesto di altruismo.

Quando mi **offro prima** nelle interrogazioni.

Uno dei miei atti altruistici è stato quello di decidere di **tagliare 35 centimetri** dei miei capelli per **donarli** a un'associazione che crea parrucche per i pazienti che, purtroppo, hanno il cancro e vedono svanire la loro bellezza a causa della caduta dei capelli.

La domanda che non c'era:

poni la domanda alla tua classe, ai tuoi amici, a chi vuoi.

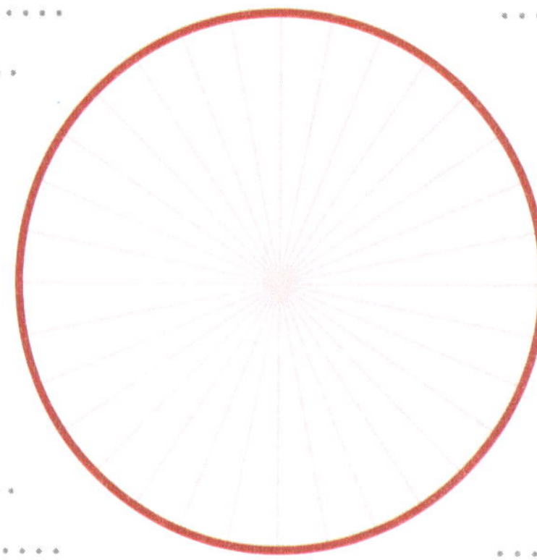

La domanda che non c'era:

scrivi o rappresenta qui le domande che avresti voluto porre.

/LOGOUT

PASSIONI

PASSIONI

▶▶ *Danzare / Cultura giapponese / Collezionare sneakers / Il basket / Risolvere i gialli / Gli scout / Sollevare pesi / La moda / Dipingere / Smanettare al computer / L'astronomia / Le sfilate / La boxe, anche se sono femmina / I videogiochi / La politica / Harry Potter / I droni / L'egittologia / Ascoltare musica k-pop / I vinili / Scrivere piccole lettere / Guardare Netflix / I tatuaggi / La fisica quantistica / Creare cose dal nulla / L'equitazione / Il cosplay / Suonare la chitarra / La modellazione 3D / Il calcio / Non fare nulla / La filosofia medievale / Le arti marziali / Pattinare / Sciare / Il Giappone e tutto quello che racchiude / Caricare storie sulla mia pagina YouTube / La cucina, in particolare la carne e quali sono i tagli migliori / Il make-up / Le moto.*

Aprire il catalogo delle passioni è come aprire il catalogo delle possibilità, perché la passione è quella cosa che **ci fa stare bene**, e allora tutto può essere passione! Saper riconoscere le passioni non sempre è facile, poterle soddisfare nemmeno. Quando però succede, è gioia vera. Gioia da condividere, ma prima ancora gioia individuale, perché **le passioni dicono tanto di noi**, sono parte della nostra identità, della nostra personalità. E poi c'è la grande domanda, che prima di un allenamento, di due ore di corso o di una serata spesa dietro a quello che amiamo comunque ci poniamo: cosa siamo disposti a sacrificare per una passione? La risposta, come sempre, è tra le vostre risposte. Questa volta, più che mai, ovviamente appassionanti.

Secondo te, da cosa si riconosce una passione?

Per coltivare una passione, tra le seguenti cose bisogna avere soprattutto:

Pensi di avere più o meno passioni de* tu* coetane*?

41%
Più o meno in misura uguale

32%
Di più

27%
Di meno

Se un adulto ti dice: "Dovresti avere una passione", tu pensi:

66%
Una passione non si può decidere di averla

16%
Ha ragione

15%
Perché non si fa gli affari suoi?

3%
Che cavolata

Avere una passione inusuale:

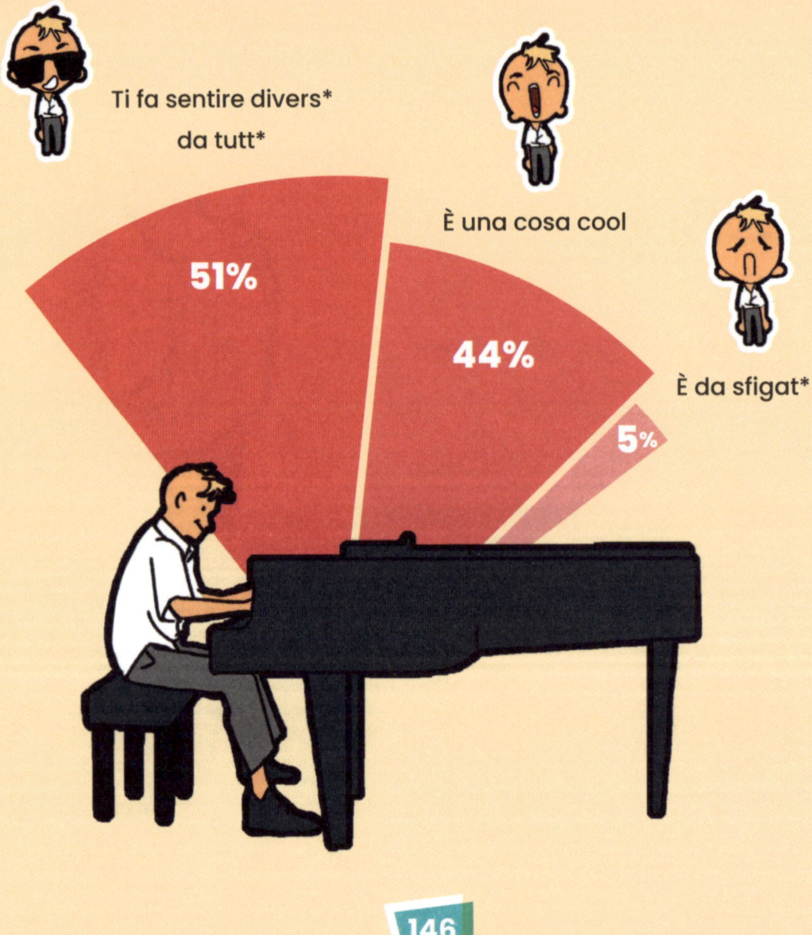

Hai una passione?

72%

Sì

15%

Non mi sono
mai post*
il problema

13%

No

La tua passione...

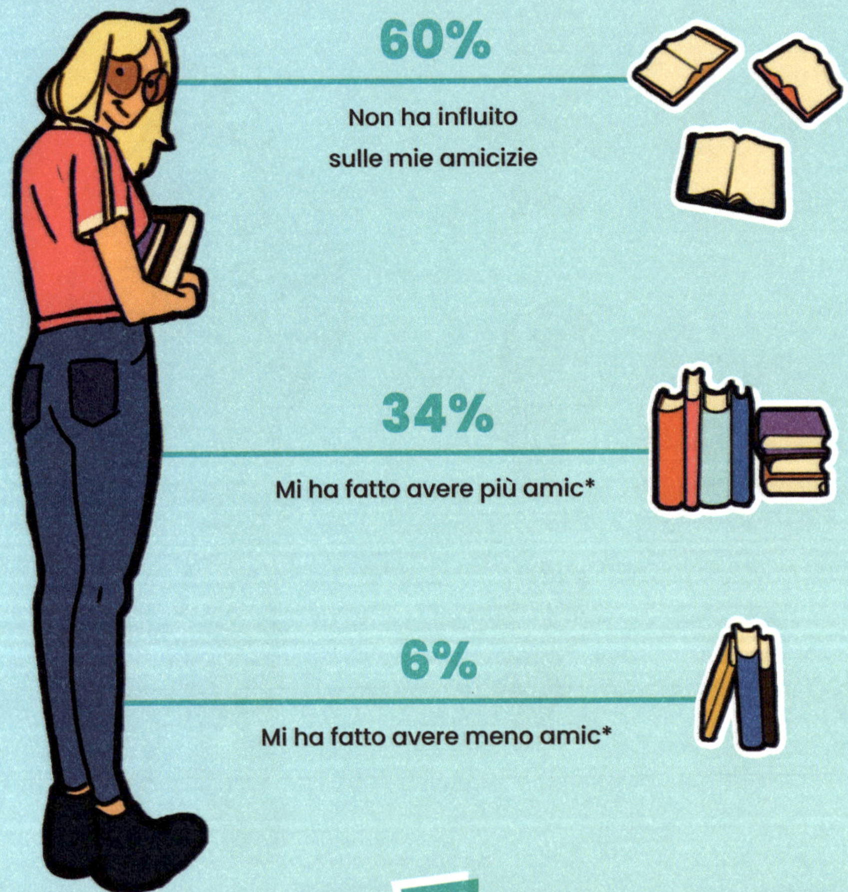

Per la tua passione saresti dispost* a:

44%

Dedicare meno tempo ai social

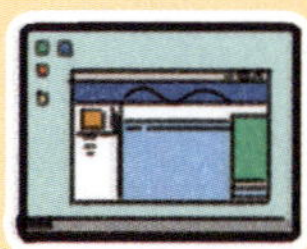

27%

Rinunciare ad altre cose che mi piacciono

20%

Dedicare meno tempo alla scuola

9%

Dedicare meno tempo a* amic*

Della tua passione...

44%
Ne vado fier*,
mi basta questo

33%
Ne parlo solo con
alcune persone

15%
Ne parlo
con tutt*

6%
Non ne parlo
con nessuno

2%
Un po' me ne
vergogno

Qual è la tua passione più forte?

La domanda che non c'era:

poni la domanda alla tua classe, ai tuoi amici, a chi vuoi.

100%

80%

60%

40%

20%

La domanda che non c'era:

scrivi o rappresenta qui le domande che avresti voluto porre.

....

....

....

/LOGOUT

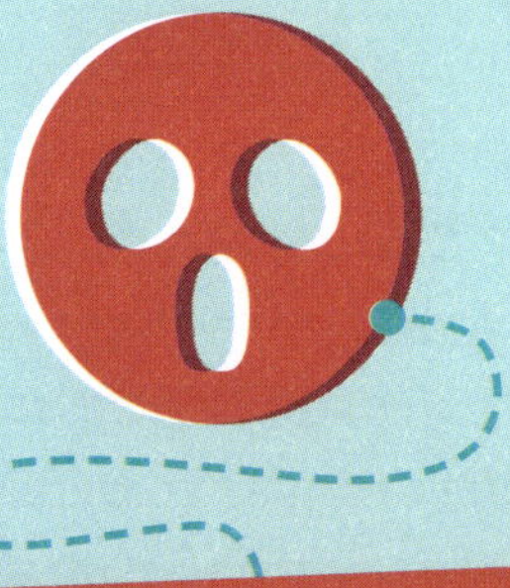

PAURE

PAURE

Di rimanere sola / Di non poter più vivere fino in fondo la mia adolescenza / Di non poter più viaggiare per il mondo / Di non riuscire a dare il meglio di me attraverso un computer / Di perdere coloro che amo senza aver dato loro abbastanza / Di non sapere cosa potrebbe accadere il giorno dopo / Di perdere i miei anni migliori / Di starnutire ed essere scambiato per un untore / Di perdere i miei nonni / Di non tornare più a scuola / Di essere asintomatica e contagiare tutta la mia famiglia / Di non riuscire a gestire la situazione / Di non provare più piacere a uscire con i miei amici / Di andare in paranoia al minimo starnuto / Di non riuscire a soddisfare i miei desideri / Di essere perennemente triste / Di non poter più baciare o essere baciata / Di diventare più povero / Della morte, prima non ci avevo mai pensato.

Chi ha paura della paura? Be', forse tutt*! La paura è una brutta bestia: è imprevedibile e spesso non si fa riconoscere. Così è bastato **un virus** e tutto è cambiato! Pandemia, lockdown, contagio: parole entrate senza bussare nella nostra quotidianità, che intanto diventava un tempo sospeso. E le paure sono cambiate e siamo cambiati noi. Ci siamo trovati vulnerabili, nudi, indifesi. Ci siamo aggrappati agli affetti, alla scienza, alla tecnologia. Per trovarci poi soli con noi stessi, unici fedeli compagni di viaggio in questa bizzarra avventura. A chiederci se aver paura della paura. A sfidarla e a subirla, ad affrontarla e ad aggirarla, a ignorarla o a deriderla. Chi con un pianto e chi con la rabbia, chi con l'ironia e chi con la ragione, chi con la pancia e chi con la testa. Ma le paure sono lì, non ci resta che **individuarle**, riconoscerle. Saperle chiamare per nome spesso è il modo migliore per spaventarle fino a farle fuggire...

Quanto spesso fai pensieri negativi?

59%

Molto spesso, anche senza un apparente motivo

33%

Ogni tanto, quando è successo qualcosa di brutto

8%

Mai/Quasi mai, è estremamente raro

Cosa ti fa più paura?

Cosa ti spaventa di più?

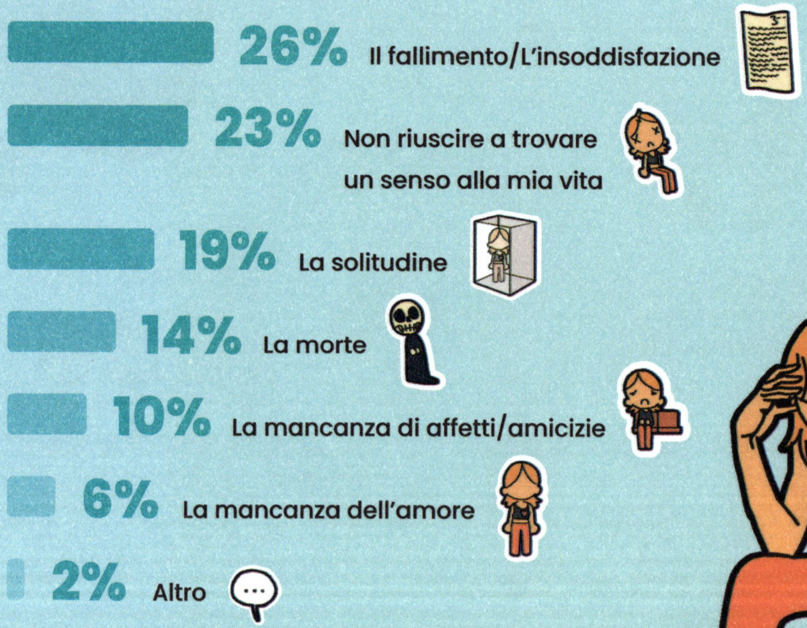

Per me fallimento è...

83%

Non riuscire a realizzare i miei obiettivi

14%

Non piacere agli altri come persona

2%

Non piacere agli altri fisicamente

1%

Non riuscire ad avere abbastanza risultati sui social (like, views, follower ecc.)

La pandemia ti ha portato nuove paure?

Hai mai subito un atto di bullismo?

Qual è stata la tua reazione?

Ho pianto, mi sono **chiusa a riccio**, depressa, meno fiduciosa.

Ho **tenuto tutto dentro**, e a tutt'oggi l'ho raccontato solo a poche persone vicine a me.

Ho **raccontato subito** ciò che era successo, a genitori e professori.

Ti demoralizzi, poi incominci a **non provare più niente** e sembri un manichino.

Ho **pianto** a casa da sola.

Ho **cercato di ridere** alle battute.

Mi sono sentita come se fossi incapace di fare qualsiasi cosa e di **non riuscire a proteggermi da sola**.

Ho cercato di **cambiare** il mio modo di essere per **piacere agli altri**, pensando di essere io quella sbagliata.

L'ho **capito dopo** che era bullismo.

Ho avuto **problemi alimentari**.

Ti piacerebbe essere immortale?

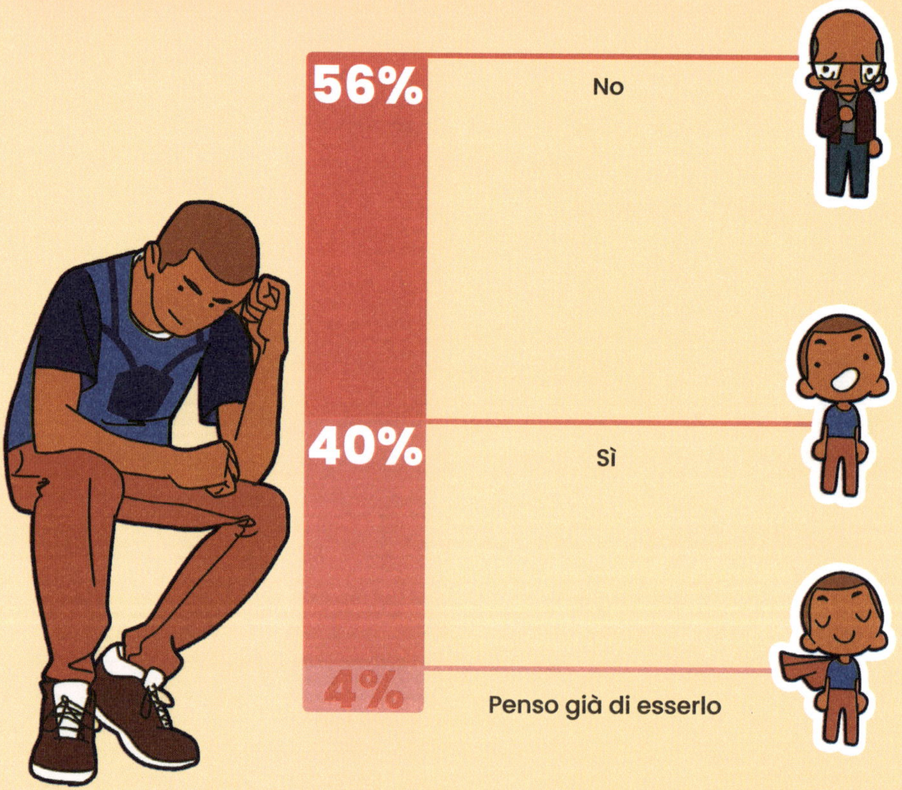

Pensi mai alla morte?

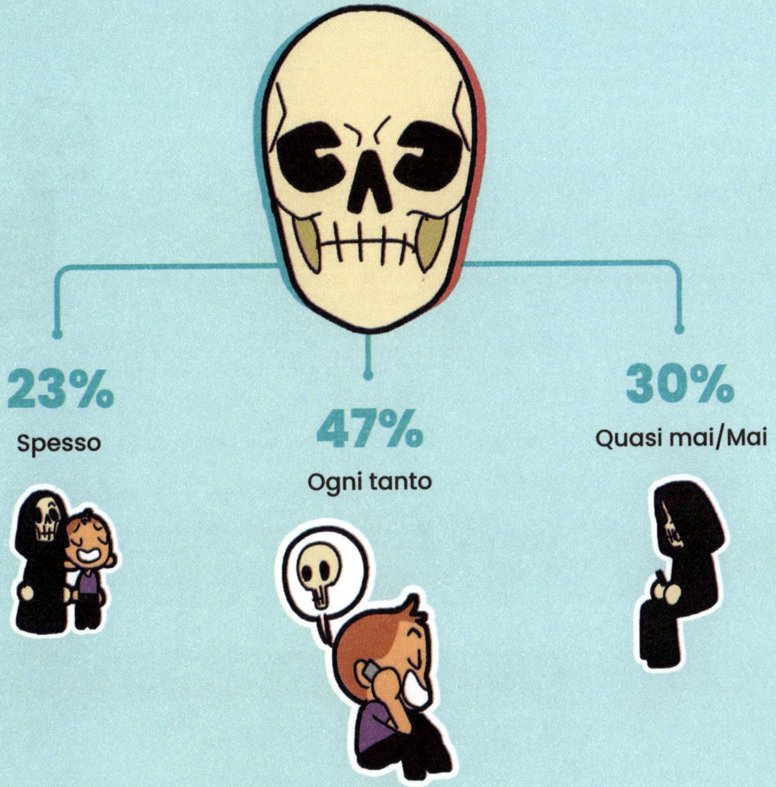

E cosa pensi?

Mi inquieta... sapere che tutto ciò che è intorno a me, il mio esistere, un giorno **terminerà per sempre**.

È **giusta** ma anche **inquietante**.

Fa paura, ma è più **vicina a noi** di quanto crediamo.

Temo di **non aver abbastanza tempo** di fare ciò che vorrei fare.

Mi **affascina**, tendo a contemplare le dinamiche con le quali mi piacerebbe mettere fine alla mia vita.

Chi manterrà il nostro **ricordo**?

Sarebbe la **soluzione** a diverse cose, ma poi penso che **provocherei dolore** alle persone intorno a me per nulla.

È l'**unica cosa certa** della nostra vita.

La trovo affascinante e **preziosa**: ciò che è bello deve avere fine.

Vorrei essere **immortale**.

La domanda che non c'era:

poni la domanda alla tua classe, ai tuoi amici, a chi vuoi.

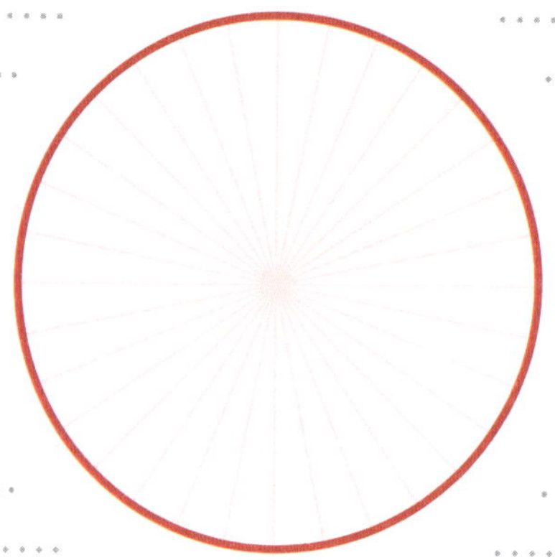

La domanda che non c'era:

scrivi o rappresenta qui le domande che avresti voluto porre.

/LOGOUT

RABBIA

RABBIA

Non sei un bambino / Pensa a studiare / Se l'è andata a cercare / I giovani di oggi sanno solo stare davanti a un telefono / Sei troppo piccolo per capire / Questa generazione fa schifo / È colpa del telefono / I social hanno rovinato tutto / È bello sognare ma la realtà è diversa / Da grande capirai / Anche io sono stato ragazzo / Ai nostri tempi non era così / Potresti fare di meglio / Stai con i piedi per terra / Mi hai deluso / La tua stanchezza non sarà mai paragonabile alla nostra / Vuoi essere matura ma piangi per le cose stupide / È bravo ma non si applica / Siete tutti uguali / Fai la brava / Beato chi non ha figli.

A volte basta una parola, altre volte un piccolo gesto, fatto o non fatto. A volte è qualcosa che vediamo, altre volte

qualcosa che non riusciamo a far vedere. A volte è qualcosa che arriva all'improvviso, altre volte invece ristagna e dimora dentro di noi, proprio lì, in mezzo alla pancia, in attesa di esplodere nei modi più imprevedibili. Gestire la rabbia è proprio un casino. E ci sono giorni in cui tutto il mondo sembra avercela con noi: la battuta di un genitore (con le loro frasette sono dei professionisti nel scatenare la collera), lo sguardo di un compagno di classe, il dispetto di un* amic*, un'ingiustizia subita, un look sbagliato... Succede, è inevitabile. E poi – ricordiamocelo – è un **diritto** arrabbiarsi. Significa reagire, non rimanere passivi, avere cose a cui si tiene. Significa che qualcosa non va, e che quindi è il momento di agire. Di **cambiare**. Di **fare delle scelte**. Che rabbia sarebbe non accorgersene!

Con chi ti arrabbi più spesso?

Qual è il giudizio dato su di te che ti fa più arrabbiare?

- 25% Sei inutile
- 20% Sei troppo magr*/troppo grass*
- 17% Altro
- 15% Sei stupid*
- 9% Sei sfigat*
- 8% Sei brutt*
- 6% Sei cattiv*

Come scarichi la tua rabbia di solito?

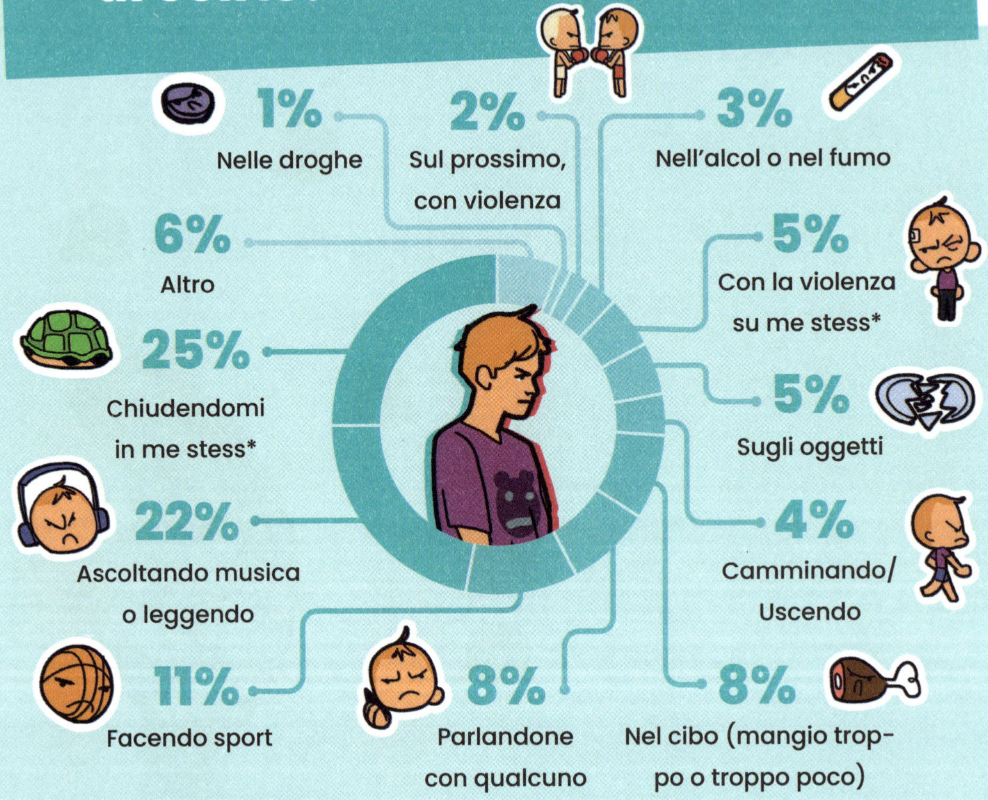

Ti arrabbi mai per finta?

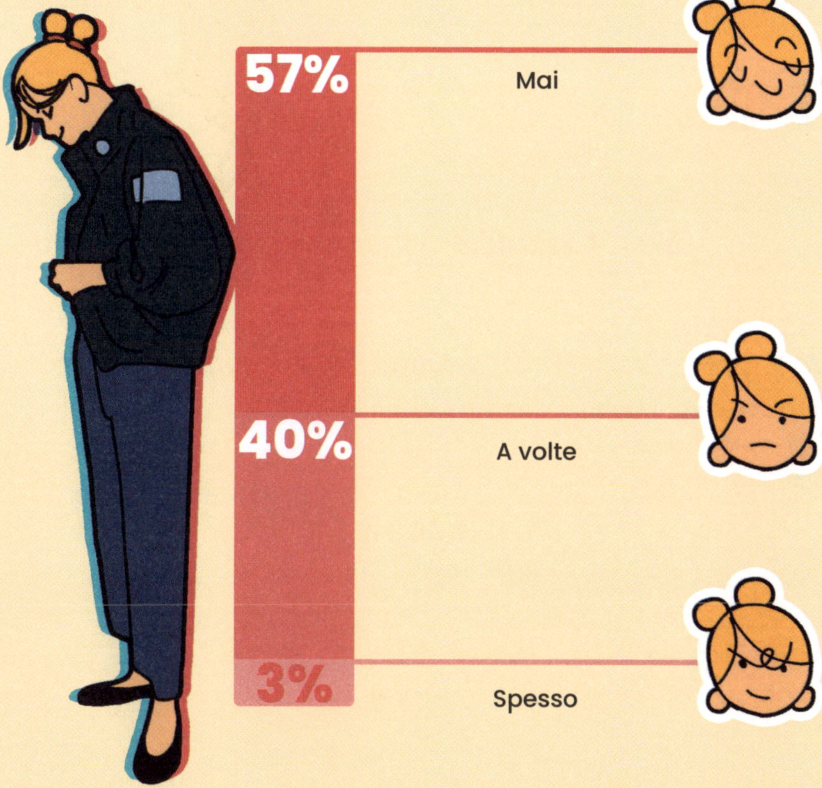

Per cosa un* ragazz* della tua età dovrebbe essere arrabbiat*?

La **società**.

Per la **tossicità** del sistema scolastico italiano.

Non uscire con gli amici, il **divieto dei genitori** sembra quasi una privazione della libertà.

Per l'**incomprensione** dei genitori.

Per le **ingiustizie**, l'**omofobia**, il **razzismo**, per chi critica senza sapere.

Per la chiusura mentale dei genitori, i professori che non capiscono, gli amici falsi, il **mondo di schifo** che abbiamo oggi e il fatto che veniamo sempre **considerat* stupid*** e infantil*.

Perché **non veniamo ascoltati**.

Per il **metodo scolastico**, è troppo **antico** e porta stress e depressione.

Per l'**assenza** dei genitori.

Per la **mancanza di libertà** del singolo.

Per la **politica** di questo Paese.

Pensi che attorno a te ci sia:

54%

Tanta/Troppa rabbia

46%

Poca rabbia o comunque in misura normale

Quando vedi una persona arrabbiata...

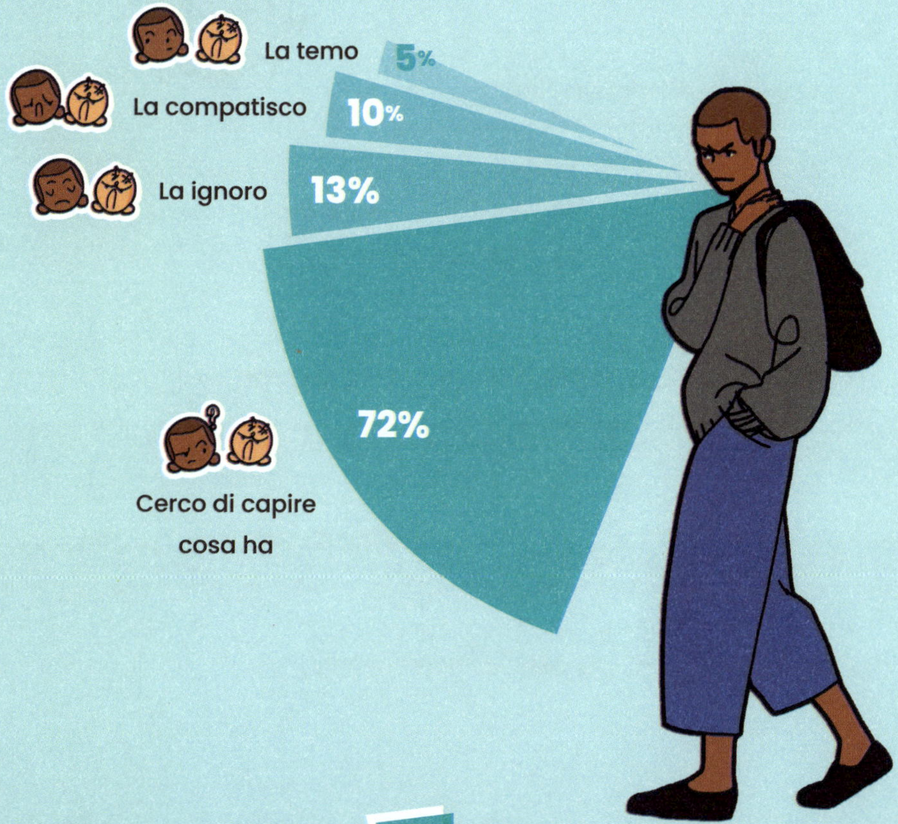

Cosa può scatenare la tua rabbia?

Essere **sottovalutat*.**

Sentirmi dire che la nostra generazione è la **peggiore**.

I miei genitori, **non sanno nulla di me** e sparano sentenze.

L'**incoerenza** dei professori.

L'ignoranza e la **disinformazione**.

Chi **non reagisce**.

L'assenza del minimo sforzo nel **comprenderci** da parte degli adulti.

Che a scuola non si trattino le cose importanti, come il **razzismo** o l'**orientamento sessuale**.

Il **menefreghismo** che le persone hanno nei confronti di tutto.

Non avere il **controllo** sulle cose.

Di solito mi arrabbio di più per...

Qual è la frase detta dagli adulti che ti fa più arrabbiare?

Lo facciamo **per il tuo bene**.

Questa casa **non è un hotel**.

Sei solo **una copia** degli altri.

Sei **troppo magra**, mangia un po'.

Basta mangiare, altrimenti **ingrassi**.

Cosa hai fatto oggi **a scuola**?

La domanda che non c'era:

poni la domanda alla tua classe, ai tuoi amici, a chi vuoi.

100%

80%

60%

40%

20%

La domanda che non c'era:

scrivi o rappresenta qui le domande che avresti voluto porre.

....

....

....

/LOGOUT

RIVOLUZIONI

RIVOLUZIONI

Aver difeso un amico nero dai ragazzi che gli davano fastidio / Andare insieme a degli amici a ripulire il parco del nostro quartiere / Litigare con i miei genitori per il femminismo / Portare il velo all'interno della mia scuola / Uscire di casa con il volto truccato / Lavarmi con l'acqua fredda / Partecipare alla manifestazione Black Lives Matter nella mia città / Manifestare per la riapertura in sicurezza delle scuole / Dire a un estraneo di non buttare la carta nella plastica / Convincere i miei genitori a diventare vegetariani come me / Diventare il primo rappresentante di classe nero del mio liceo / Scrivere una canzone che invita gli adolescenti a godersi la vita lontano dai social / Scoprire che studiare è anche una cosa divertente / Non giocare alla PlayStation per ben due settimane.

Gesti ribelli, gesti controcorrente, che sanno spiazzare noi e gli altri. Insomma, **gesti rivoluzionari**!

Qual è l'ultimo – grande o piccolo, non importa – che abbiamo compiuto? Mica facile saperlo: forse ognuno di noi dovrebbe tenere un piccolo **diario delle azioni rivoluzionarie** in cui segnare le azioni capaci di innescare metamorfosi. Magari anche solo per accorgerci che di quei gesti noi non ne facciamo mai, per pigrizia o per mancanza di stimoli, per inerzia o – semplicemente – perché non amiamo le rivoluzioni. Perché essere rivoluzionari non è un "valore assoluto", anche se magari rimaniamo affascinati dal carisma e dalla popolarità di chi riesce ad animare le masse. Ma esistono anche rivoluzioni silenziose. Rivoluzioni che non fanno rumore, ma che riescono a emozionarci, a farci sentire dalla parte giusta, a non renderci parte della massa. Rivoluzioni che **ci fanno diventare quello che siamo**.

La parola "rivoluzione"...

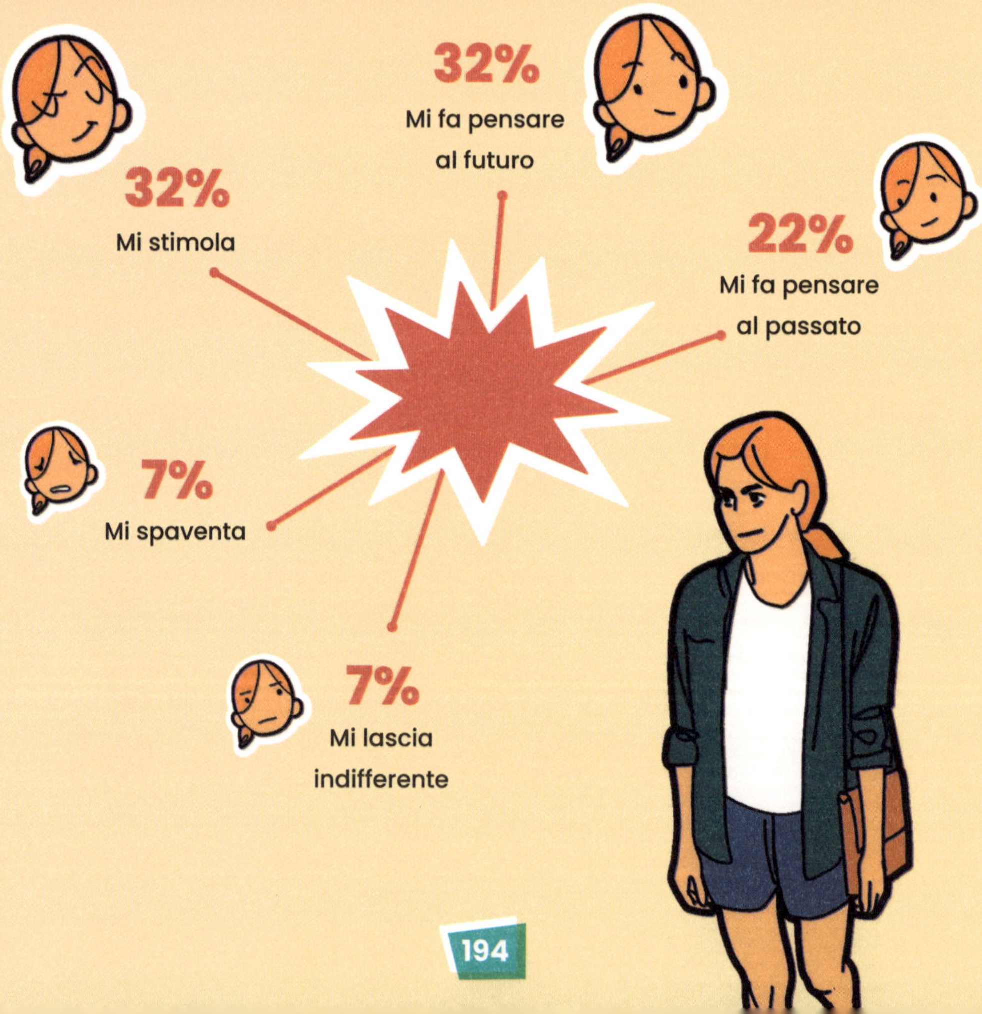

La rivoluzione la fanno...

17%
I singoli

79%
Le masse

4%
Nessuno dovrebbe farla

Tra i seguenti settori, in quale senti maggiormente la necessità di una rivoluzione?

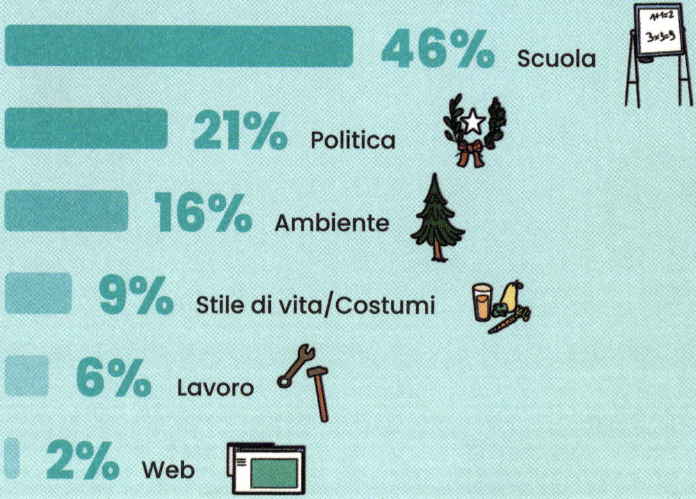

La classifica dei rivoluzionari

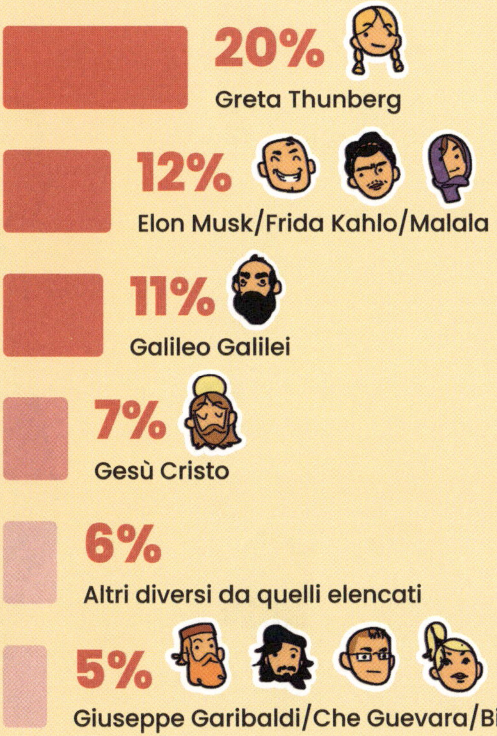

Per difendere il clima e l'ambiente...

43%
Rinuncerei ad auto e scooter

33%
Cambierei abitudini alimentari

6%
Mi laverei di meno

12%
Viaggierei di meno

6%
Rinuncerei al Web

Cosa pensi di Greta Thunberg?

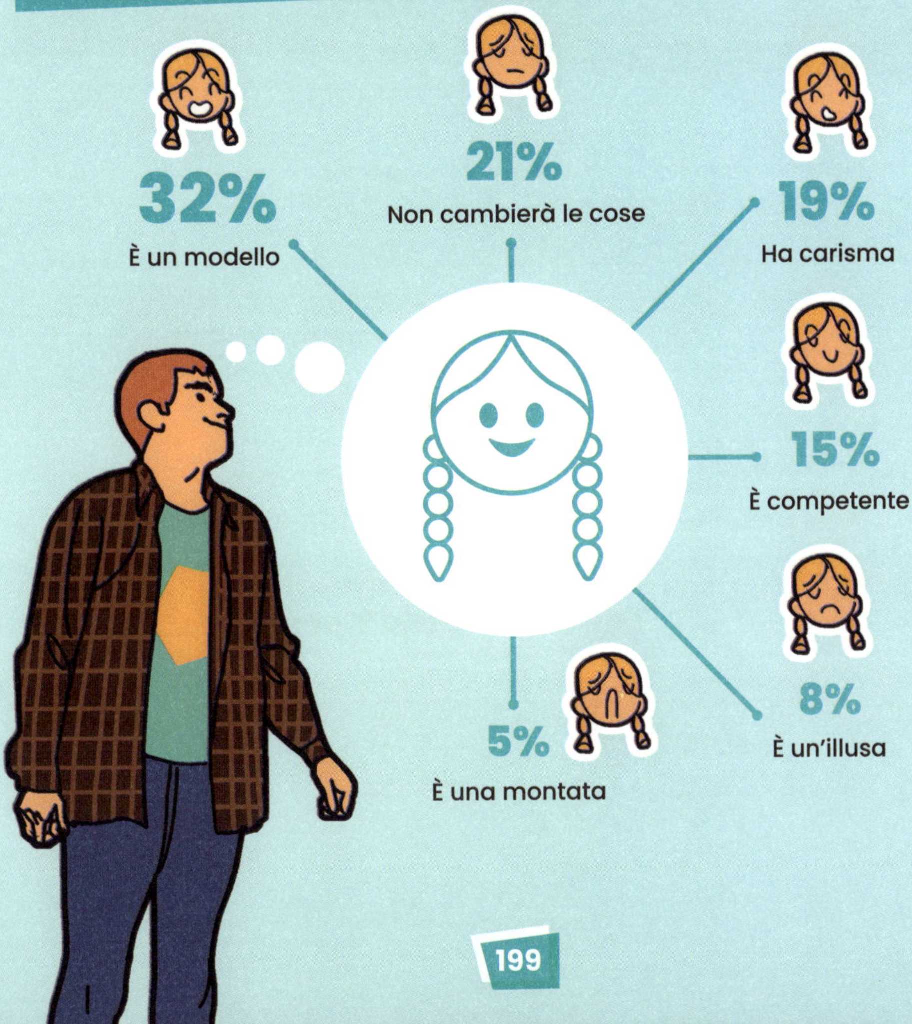

Quali rivoluzioni potrebbe realizzare la tua generazione?

Combattere il **riscaldamento globale**.

Trovare **lavoro** a tutt*.

Rivoluzionare la **scuola**.

Estinguere (anche solo parzialmente) la **corruzione dello Stato** italiano.

Cambiare lo **stile di vita** dell'uomo in modo da "creare" uno stile di vita **sostenibile**.

Contrastare costantemente le **idee** degli adulti che ci ritengono una **generazione persa.**

Sistemare i **casini** con cui ci lasciano quelli che sono passati **prima di noi**. Dalla politica all'economia.

Andare su Marte e i **viaggi nello spazio** in generale.

La nostra generazione deve puntare a un **mondo migliore** e per questo dovremmo ricostruirlo dalle fondamenta, dal concetto di **amore** a quello di **diversità** fino a quello di **rispetto**. La sfida principale quindi sarà ristabilire il significato di questi valori ormai sbiaditi e quasi persi.

Per un tuo ideale sei o saresti dispost* a...

- **31%** Metterci la faccia
- **21%** Farmi dei nemici
- **18%** Modificare le mie abitudini
- **12%** Studiare di più
- **10%** Niente, lo seguo/lo seguirei ma senza troppo impegno
- **5%** Cambiare le mie idee
- **3%** Perdere gli/le amic*

Quali sono le sfide principali che affronta la tua generazione?

La domanda che non c'era:

poni la domanda alla tua classe, ai tuoi amici, a chi vuoi.

La domanda che non c'era:

scrivi o rappresenta qui le domande che avresti voluto porre.

....

....

....

/LOGOUT

SOCIAL

SOCIAL

Mi hanno chiesto di mandare foto in cui mostravo parti del mio corpo che non mostro nemmeno al mio fidanzato.

Che succede là dentro? Sì, là dentro. Dentro a quell'aggeggio tecnologico, quella protesi elettronica diventata parte di noi, quella porta aperta h24 che ci trascina dentro a un mondo - anzi, dentro a miliardi di mondi paralleli (ma anche complementari e intersecati) -, il nostro. "Toglietemi tutto, ma non il mio smartphone!" Basta parafrasare un'antica pubblicità per raccontare tutto di noi, incapaci - ma forse neppure lo vogliamo - di distaccarci dal cellulare: luogo del gioco e delle relazioni, spazio della memoria e dei segreti, fonte di conoscenze e di risorse, incrocio vorticoso del reale e del virtuale. **Ne siamo dipendenti?** Sta modificando il nostro essere *Homo Sapiens*? La rivoluzio-

ne digitale è l’apice dell’evoluzione umana? Domandone, certo. A cui forse non basterebbero giga di ragionamenti per trovare le risposte giuste. Però intanto il nostro tempo trascorre con gli occhi sul display, tra litigi, emozioni, innamoramenti, atti di bullismo, risate, insulti, nuove amicizie, pericoli ignoti, che corrono sull’onda delle nostre connessioni. Sottovalutare il flusso in cui siamo significa subirne le conseguenze, significa essere più indifesi. Quindi meno liberi. E **la libertà non è un’app** da installare o disinstallare: difendiamola, sempre e ovunque. Facciamola nostra. Sentiamoci liberi di stare nei social, perché liberi di saper dire anche “basta”.

In una giornata normale, a quanti social e servizi di instant messaging accedi?

33%	Tre
29%	Due
18%	Più di tre
11%	Uno
9%	Nessuno

Quando sei sui social, sei come nella vita reale?

55%

Sono uguale online e offline

40%

Ogni tanto online mi comporto in maniera diversa

5%

Tendo spesso e volentieri a dare un'immagine diversa di me

Si può diventare amic* sui social?

48%

Difficile, i social possono essere giusto un primo passo

45%

Assolutamente sì, i social sono sufficienti per trovare amic*

7%

Impossibile, sui social si fanno solo conoscenze superficiali

Ci si può innamorare sui social?

56%

Difficile, i social possono essere giusto un primo passo

25%

Impossibile, conoscersi dal vivo è tutta un'altra cosa

19%

Assolutamente sì, i social bastano per capirlo

Sui social network sei iscritt* anche con profili fake?

Ti senti dipendente dai social?

20%
Sì, decisamente

50%
Sì, ma potrei smettere in qualsiasi momento

30%
No, per niente

Potresti vivere senza smartphone?

20%

Non avrei problemi a stare senza smartphone

42%

Penso di sì ma non sono sicur*, dovrei provare

28%

Non credo, specie se per un periodo prolungato

10%

Assolutamente no, è un compagno inseparabile

Come ti senti quando finisci i giga o sei senza connessione?

10%

Mi sento pers*, tagliat* fuori dal mondo

22%

Mi sento disorientat* ma cerco di non farne una malattia

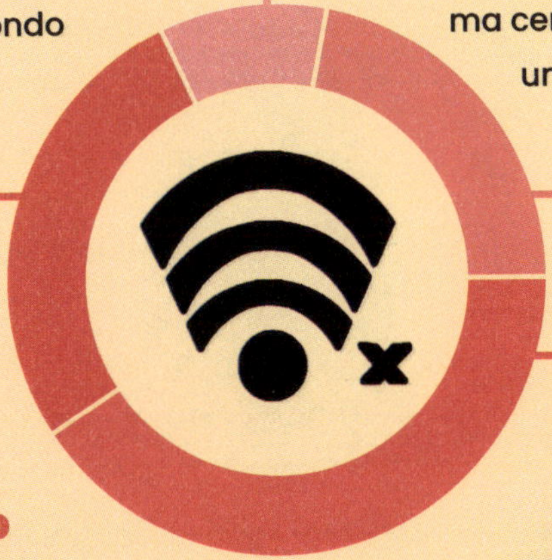

27%

Non lo vivo come un problema, si può stare anche senza connessione

41%

Inizialmente è un problema, ma ci si abitua presto

Se i tuoi genitori guardassero nel tuo smartphone?

41%

Non troverebbero nulla di strano

22%

Scoprirebbero che sono molto divers* da come mi conoscono

15%

Scoprirebbero tutti i miei segreti

13%

Impossibile, non saprebbero usare il mio smartphone o non riuscirebbero a entrarci

9%

Si spaventerebbero

Nella tua vita conta di più...

Hai mai incontrato qualcosa di pericoloso in Rete?

Pervertiti, pedofili, gente pazza, un po' come **nel mondo reale**...

Pagine **pro anoressia** e altri disturbi alimentari.

Persone che **si fingono altre**.

Pornografia non richiesta.

Uomini che chiedono foto e **richieste a sfondo sessuale**.

Video di **suicidi**.

Gruppi **Telegram orribili**.

Leoni da tastiera.

Bodyshaming.

Profili che usano **mie foto**.

Fake news.

Un sacco di **feticisti**.

Vendita di **droghe**.

Le maggiori minacce in Rete sono...

Ti sei spaventato quella volta che...

Ho visto una foto di un hippy che diceva **cose strane** e non ho dormito per tre giorni.

Un pedofilo mi ha scritto **fingendosi una ragazzina** della mia etá.

Ho cominciato a parlare con una persona che poi ho scoperto aveva una **falsa identità**.

La domanda che non c’era:

poni la domanda alla tua classe, ai tuoi amici, a chi vuoi.

100%

80%

60%

40%

20%

La domanda che non c'era:

scrivi o rappresenta qui le domande che avresti voluto porre.

....

....

....

/LOGOUT

Amicizia Felicità
Rivoluzioni Paure Amore
Corpo Passioni
Impegno Rabbia Futuro
Amore Social Credo
Felicità Futuro
Rivoluzioni
Rabbia Futuro Corpo
Passioni
Credo Paure Amicizia
Impegno Corpo Social Rabbia
Rivoluzioni Impegno Passioni
Social Futuro
Amore Paure Amicizia
Credo Felicità
Corpo
Paure Amore Rabbia
Credo Passioni
Amicizia
Impegno
Rivoluzioni Social
Felicità

LOGOUT

Una foto dice tanto di noi.

Ma non tutto. Il non detto, di solito, è molto di più!

Una foto coglie un istante, un dettaglio, un momento, un'emozione... Poi ci sono cose che siamo bravi a celare, a nascondere e a tenere dentro.

I numeri, i grafici, le frasi che abbiamo selezionato per il libro sono un ritratto approfondito – ricco di sfumature e di colori – della vostra generazione e di ciascun* di voi.

"Il selfie di una generazione" abbiamo detto, un selfie collettivo e un selfie singolo: proprio per permettere a ognun* di sentirsi rappresentat*, di trovare il proprio spazio. **La propria identità**.

Non abbiamo conclusioni da trarre da questo libro, crediamo che ciascun* di noi possa e debba trarre le proprie.

Personalmente, abbiamo però parole, sensazioni, suggestioni, motivi di speranza e anche di preoccupazione, frutto degli oltre 30mila questionari che abbiamo letto: un vorticoso confessionale, attraverso il quale ci avete permesso di entrare nelle vostre vite.

Siete forti, fortissim*!

Questo è indubbio. Abbiamo massima stima per voi.

Alla faccia di chi vi vede apatic*, disinteressat*, superficiali!

Quello è il grande alibi di chi preferisce non interpellarvi perché **teme le vostre opinioni**, le vostre richieste.

C'è chi soffre... e la pandemia ha amplificato questa sofferenza. Ci avete scritto della **solitudine** dentro le vostre case, della fatica della distanza e del dialogo, della stanchezza dei rapporti digitali, dell'inadeguatezza di troppi docenti. Qualcuno – e speriamo che parlandone con noi abbia scelto anche di parlarne in famiglia, con qualche docente, o a un amico – è andato oltre, ci ha espresso lati più oscuri del suo malessere, segnale di preoccupazioni troppo grandi da sopportare per un adolescente.

C'è chi si adegua, c'è chi non si abbatte, c'è chi cerca nell'impegno, nelle passioni, nelle relazioni, nello studio, nei sogni da perseguire l'ossigeno per respirare in questo mondo che gli adulti – le generazioni precedenti – hanno reso **tossico**. Tossico perché fa male, perché il clima è cambiato in peggio. Perché vi sentite in gabbia. Perché la parola "futuro" si porta dietro un carico di angosce e di mancanza di visioni. E poi la scuola, appiattita da un metodo didattico vecchio di un secolo, che non vi fa più sentire al centro di un percorso di evoluzione. E c'è chi, proprio fuori dalla scuola, ha deciso di iniziare il suo cammino per salvaguardare la Terra: è stata Greta... una di voi. Simbolo di una **rivoluzione gentile** ma risoluta, fatta di piccoli ma irrinunciabili gesti, in cui far convivere competenza, scienza e buon senso.

Gli adulti vi iniziano a classificare come **Generazione Z**. L'ultima lettera dell'alfabeto. Semplicemente perché venite dopo la X e la Y, ovvero i boomer e i millennial. Per la Z non c'è ancora un nome, oltre la lettera. Siete la "Generazione Greta"? Chissà... Di sicuro siete una generazione capace di mettere in crisi tutte le altre generazioni e che si trova di fronte tre sfide mica da ridere: trovare lavoro, rivoluzionare la scuola, salvare il pianeta. E per noi, aver avuto il privilegio di poter chiedere "Chi sei?", "Chi siete?" è stata una gran fortuna. **Rompete le scatole**, fatelo - anche - per noi.

Daniele e Federico

INDICE